Franckhs
Eisenbahnbibliothek

DB

Dieter Loyal

Eisenbahn-Reiseführer in die Vergangenheit

Hessen, Rheinland-Pfalz und das Saarland für Eisenbahnfreunde

Franckh'sche Verlagshandlung
Stuttgart

Mit 147 Schwarzweißfotos aus dem Archiv des Autors (138), von W. Goy (8) und der Kasseler Verkehrs-Gesellschaft (1)

Umschlag von Siegfried Fischer unter Verwendung eines Farbdias von Helmut Roggenkamp.
Zu den attraktiven Reisezielen im Rhein-Main-Gebiet gehört der Dampfbetrieb der „Historischen Eisenbahn“ mit ihren verschiedenen Dampflokomotiven auf der Frankfurter Hafenbahn.
Unser Bild zeigt die Industrie-Tenderlok von Krauss-Maffei vor der Kulisse von Leonhardskirche und Bankhochhaus im Juni 1982.

CIP-Kurztitelaufnahme der Deutschen Bibliothek

Loyal, Dieter:
Eisenbahn-Reiseführer in die Vergangenheit / Dieter Loyal. – Stuttgart : Franckh
(Franckhs Eisenbahnbibliothek)

Hessen, Rheinland-Pfalz und das Saarland für Eisenbahnfreunde. – 1983.
ISBN 3-440-05163-3

Franckh'sche Verlagshandlung, W. Keller & Co., Stuttgart/1983

L10ab Hrr/ISBN 3-440-05163-3/Printed in Germany/Imprimé en Allemagne
Druck: Johannes Illig, Göppingen
Buchbinder: Idupa, Owen/Teck

Bild Seite 2: Wassertürme der DB werden leider nach und nach verschwinden. Der fotografierende Eisenbahnfreund sollte ein Auge für noch erhaltene Objekte haben. Hier der vom AW Darmstadt (Frankfurter Straße) aus sichtbare Turm im September 1979; im Vordergrund aufzuarbeitende Güterwagenachsen. Übrigens steht der am Hauptbahnhof gelegene Wasserturm nunmehr unter Denkmalschutz.

Eisenbahn-Reiseführer in die Vergangenheit

STÄDT
STRASSEN-BAHN
A.D. 1904
MZ ME 498

Vorwort

Die Dampflokära endete bei der Deutschen Bundesbahn am 26. Oktober 1977. Nachdem die Eisenbahnfreunde jahrelang von einem Bahnbetriebswerk zum anderen gejagt waren, um Abschied von der Dampflok zu nehmen, und die anschließenden Proteste gegen das Dampf-Fahrverbot auf DB-Strecken erfolglos verhallten, scheint es recht still um das Thema „Dampflokomotive" geworden zu sein — aber der Schein trügt, sind doch die Sonderfahrten auf Privat- und Nebenbahnen stets gut besucht. Mit diesem Bildbericht über „Eisenbahn-Veteranen mit und ohne Fahrbefehl" will der Verfasser den vielen Eisenbahnfreunden Hinweise geben, wo es noch Sehenswertes bei einer Suche nach der romantischen Eisenbahn zu finden gibt.

Neben Aufstellorten von Lokveteranen soll das Buch über die wichtigsten technischen Details sowie alte und neue Einsatzorte informieren. Damit der Inhalt gleichzeitig dem interessierten Eisenbahnfreund als Reiseführer dient, erfolgt die Angabe getrennt nach Bundesländern. Erstmalig aufgenommen in einem derartigen Werk sind die fast vergessenen Werkslokomotiven verschiedenster Spurweiten. Darüber hinaus erfolgen fallweise auch Hinweise auf besondere Fahrzeuge und technische Einrichtungen.

Dieser Reiseführer zu Eisenbahn-Veteranen mit und ohne Fahrbefehl behandelt zunächst die für sehenswert erachteten Maschinen und Orte im Land Hessen, sodann in einem zweiten Teil die entsprechenden Objekte in den beiden Bundesländern Rheinland-Pfalz und Saarland. In jedem dieser beiden Teile wird zunächst als Einführung ein Gesamtüberblick der im Lande vorhandenen Lok-Denkmäler, der Museumsbahnen, der Eisenbahnmuseen, der Privat- und Landesbahnen, der Werksbahnen, der Nahverkehrsunternehmen und weiterer eisenbahngeschichtlicher Sehenswürdigkeiten gegeben, an welchen sich die Beschreibung der vielen Einzelobjekte anhand einer vorgeschlagenen Reiseroute durch das Gebiet anschließt. Auf diese Weise kann der Leser leicht erkennen, welche Schätze ihn in den drei beschriebenen Ländern überhaupt erwarten, während detailliertere Informationen unter dem jeweiligen Standort die konkrete Reiseplanung bereichern können. — Das Buch ist allen Freunden gewidmet, die unter großem persönlichen Einsatz versuchen, kommenden Generationen eine Vorstellung aus der Zeit der großen Tage der Eisenbahn zu vermitteln.

Dieter Loyal

Architektur alt und neu: Dieses Portal, eingeordnet in den Neubau des Straßenbahnamts in Mainz, erinnert an den 1904 errichteten Altbau.

Teil 1: Hessen

Einleitung und Übersicht

Lokomotiv-Denkmäler und Spielplatzloks
Die gute alte Dampflokomotive ist Geschichte geworden — Dampflokomotiven in Aktion sind nur noch anläßlich von Museums-Sonderfahrten oder Dampflokfesten zu bestimmten Zeiten im Einsatz, und der Eisenbahnfreund möchte das freundliche schwarze Ungetüm im Bild festhalten, das unsere Epoche so wesentlich beein-

Spur	Bauart	Einsatzbahn			Anzahl Loks	
mm		Staats-	Privat-	Werks-	Dampf	Diesel
1435	B-Speicher			2	2	
1435	B n2t			3	3	
1435	C n2t		1		1	
1435	C n2t	2 BR 89			2	
1435	C1′n2t		1		1	
1435	2′C1′h3	1 BR 012			1	
1435	D n2t (z. Z. Trier)	1 BR 92			1	
1435	E h2t	1 BR 94			1	
1435	E h3	1 BR 44			1	
1435	E h2t		1		1	
1435	B-Diesel	1 Kö II				1
Summe Normalspur		7	3	5	14	1
1000	C n2t		2		2	
900	B n2t			1	1	
750	B n2t			1	1	
700	B n2t			1	1	
660	C n2t			1	1	
600	B n2t			5	5	
600	B-Diesel			5		5
Summe Schmalspur			2	14	11	5
Summe		7	5	19	25	6

flußte. Kein Bauwerk, kein anderes Verkehrsmittel, keine andere Maschine hat jemals uns Menschen so anhaltend fasziniert — und dies von Anfang an — wie die Dampflokomotive.
Was der Mensch verehrt, wird auf einen Sockel gestellt: Könige, Erfinder, Sportler und sogar Generäle — verdient hat es auch die Dampflokomotive. So wurden im Laufe der Jahre in Hessen 36 Lokomotiven neben Bahnhöfen, in Parks oder auf Spielplätzen aufgestellt. Fünf dieser Maschinen hat man inzwischen schon wieder vom Sockel geholt und sie in die Bestände der Museumsbahnen überführt, eine sechste in Naumburg soll folgen. Ob auch die auf den Spielplätzen aufgestellten Lokomotiven zu den Denkmälern zählen, ist in manchen Fällen nicht eindeutig beantwortbar. In der nebenstehenden kleinen Statistik wurden sie berücksichtigt — auch sie sind in besonderen Fällen für den Eisenbahnfreund von Interesse.
In Obhut von Museumsbahnen gingen in den vergangenen Jahren: Die vormals in Wiesbaden, Grossomarkt, aufgestellte Lok ist nunmehr im Bestand des „Bayerische Localbahn Vereins“, Tegernsee, abgestellt in Bayer. Eisenstein. Die vormals in Nidda abgestellte Werkslok der Hornitexwerke steht in Bad Nauheim, Jugendgruppe der Eisenbahnfreunde Wetterau. Die beiden C-n2t-600-mm-Feldbahnloks, vormals Spielplatzloks in Lang-Göns, und die C-n2t-600-mm-Feldbahnlok, vormals Walldorf, Spielplatz, stehen bei der Dampfbahn Rhein-Main, Frankfurt, Depot Bockenheimer Warte. Die Lok KN 206 in Naumburg wird demnächst der Hessencourrier übernehmen.
Einige der kleineren Loks (Bruchköbel, Walldorf und Lang-Göns) sind in schlechtem Zustand und lohnen den Besuch kaum.

Museumsbahnen

Was die relativ wenigen aktiven Eisenbahnfreunde für ihre Museumsbahnen geschaffen

Strecke	Länge	Verein
Kassel Whh. — Naumburg Kleinbahn Kassel-Naumburg 27 Betriebstage in 1981	33 km	Hessencourrier
Bad Hersfeld — Ransbach Kreisbahn Hersfeld-Heimboldshausen 10 Betriebstage in 1981	20 km	Arge Fulda-Werra-Bahn
Bad Nauheim – Butzbach – Münzenberg, BLE 6 Betriebstage in 1981	21 km	Eisenbahnfreunde Wetterau Bad Nauheim
Höchst — Königstein Kleinbahn Frankfurt-Königstein 4 Betriebstage in 1981	16 km	Historische Eisenbahn Frankfurt
Kahl — Schöllkrippen Kahlgrund Verkehrsbetriebe	23 km	Museumsbahn Darmstadt
Griesheim — Mainkur Hafenbahn Frankfurt 25 Betriebstage in 1981	11 km	Historische Eisenbahn Frankfurt

haben, ist erstaunlich. Der Betrieb von Museumszügen wird von fünf Vereinen auf sechs bestimmten Strecken veranstaltet.
Möglichkeiten, eine Dampflok-Sonderfahrt als Fahrgast mitzuerleben, bieten die Kasselaner Eisenbahnfreunde mit dem Hessencourrier, die Frankfurter mit ihrer Historischen Eisenbahn und die Darmstädter mit der Museumsbahn. Die Hersfelder Eisenbahnfreunde veranstalten Sonderfahrten mit einem Triebwagen, wie auch die Kasselaner, neben dampf- und dieseltraktierten Zügen, einen Triebwagen zu Museumsfahrten einsetzen. Von Interesse bei den Eisenbahnfreunden Wetterau sind die gepflegten Fahrzeuge im Reichsbahnlook der zwanziger Jahre. Der überwiegende Teil der Strecken führt durch landschaftlich schöne Gebiete, und so wird eine Fahrt mit oder ohne Dampf zu einem besonderen Erlebnis.
Nachzutragen sind die Fahrten der Frankfurter Schmalspur-Freunde, Dampfbahn Rhein-Main, mit einer B-Feldbahn-Diesellok auf der Moorbahn in Bad Schwalbach, im hinteren Teil des Kurparks. Sie sind nicht vergleichbar mit Museumsfahrten. Die Fahrt mit dem kleinen Sommerwagen durch den herrlichen Kurpark ist ein eigenes Vergnügen. Übrigens betreiben die Frankfurter Schmalspur-Freunde in Viernheim, neben dem DGEG-Museum, noch einen Feldbahn-Museumsbetrieb mit Dampflok und kleinen Personenwagen. Die Darmstädter, Frankfurter, Kasseler und die Mainzer Verkehrsbetriebe erhalten Oldtimer-Straßenbahnfahrzeuge und setzen sie zu Rundfahrten auf ihren Gleisen ein.

Eisenbahn-Museen

Neben den mehr oder weniger gepflegten Lokomotiv-Denkmälern und Spielplatzlokomotiven finden wir noch eine große Zahl an Dampf-, Diesel- und Elektrolokomotiven in Eisenbahnmuseen, die sich grundsätzlich in recht gutem Zustand befinden, soweit sie bereits aufgearbeitet sind. Interessant ist, daß von den sieben Vereinen, die auch Museums-Sonderfahrten veranstalten, drei Vereine noch Eisenbahn-Museen betreiben. Solche Museen finden wir in Darmstadt, in Frankfurt und in Bad Nauheim. Schwerpunkt des Museums in Kranichstein ist nicht die museale Erhaltung von Ausstellungsstücken, sondern das Demonstrieren betriebsfähiger Lokomotiven. Wir finden dort neben nicht fahrbereiten oder wegen Fristablauf abgestellten Maschinen erfreulicherweise eine gewisse Anzahl betriebsfähiger Dampflokomotiven. Im Bestand der Museumsbahn sind 12 Dampflokomotiven, 3 Diesellokomotiven, 15 Reisezugwagen, 3 Gepäck- und Postwagen, 7 Güterwagen. Seit 1982 hat das Museum sogar eine Ellok (160 009-7).
In Frankfurt-Bockenheim finden wir ausschließlich in 600-mm-Spur Dampf- und Diesellokomotiven. Das Ziel der Dampfbahn Rhein-Main, Erhaltung von betriebsfähigen Dampf- und Diesellokomotiven, ist nahezu erreicht. Im Bestand sind 6 Dampflokomotiven der Baujahre 1906—1948, 6 Feldbahn-Dieselloks der Baujahre 1938—1956, 1 Hatlapa-Schienenkuli, selbstgebaute kleine Personenwagen und derzeit leider nicht zugänglich Dampfmaschinen und Dampfwalzen.
Etwas völlig anderes finden wir in Bad Nauheim bei den Eisenbahnfreunden, Abteilung Eisenbahntechnische Sammlung. Hier sollen einmal auf einem kleinen Freigelände technische Objekte ausgestellt werden. Neben den bereits vorhandenen Signalen, Wasserkran, Läutewerk und den zahlreichen im Clubheim untergebrachten Gegenständen (Kurbelstellwerk usw.) sind noch zahlreiche Objekte im Depot. Bedingt durch ein Straßenprojekt mußte der Aufbau des Museums abgebrochen werden, da die Geländefrage für einen bestimmten Teil noch nicht gelöst war. Außerdem erforderte das Renovieren der Fahrzeuge des Museumszuges hohen Arbeitsaufwand. Erwähnenswert an dieser Stelle sind auch die Objekte des Dampfbahn-Clubs Taunus in Oberursel mit der Gar-

tenanlage in Spur 127 und 187 mm, die wir ihrer Einmaligkeit wegen unter den Eisenbahn-Museen einordneten. Jährlich findet ein Dampfbahnfest statt, verbunden mit einer Ausstellung von Eisenbahn-Modellen in verschiedenen Maßstäben ab 1 : 11. Das Gelände finden wir in der Mainstraße am Ende der Autobahn A 661.

In Weilburg im Schloß finden wir ein Bergbaumuseum, hier sind neben anderen Exponaten Akku- und Diesellokomotiven in 600-mm-Spur ausgestellt.

In Frankfurt-Schwanheim befindet sich eine Sammlung historischer Fahrzeuge der Stadt Frankfurt, Straßenbahn, mit mehr als 20 Objekten. Diese Sammlung ist nur zu bestimmten Anlässen der Öffentlichkeit zugänglich.

Die Hafenbahn Frankfurt plant, in einem der demnächst aufgelassenen Stellwerke ein Museum der Hafenbahn einzurichten.

In Kassel, im Hessischen Landesmuseum, wird die erste von der Firma Henschel gebaute Elektrolokomotive erhalten, die im Jahre 1905 unter der Fabrik-Nr. 7443 gefertigt wurde.

Gleichfalls in Kassel wird bei Henschel im Werk Mittelfeld die B-n2t-Tramlok „Hummel" My 603 der Geldernschen Tramweg erhalten.

In Hessen werden auf private Initiative von eingetragenen Vereinen insgesamt 41 Triebfahrzeuge erhalten (Stand 31. 12. 1982). Zuzüglich einer Kö I, Rheinische Maschinenfabrik Windhoff AG (1934/270) der Eisenbahnfreunde Wetterau. Unberücksichtigt blieb, ob eine unter Staatsbahn aufgeführte Lok zuletzt bei einer Werks- oder Privatbahn im Einsatz stand, nicht aufgeführt wurden Draisinen.

Die Bestandslisten zeigen deutlich, daß die Museumsbahn Darmstadt mit 16 Lokomotiven den größten Fahrzeugbestand aller Museumsbahnen in Hessen hat, dicht gefolgt von der Dampfbahn Rhein-Main mit 13 Fahrzeugen, wenn man den „Schienenkuli" noch mitzählt. Die Stärke der anderen Vereine, nämlich in direkter Anbindung eine Privatbahn-Fahrstrecke zur Verfügung zu haben, fehlt jedoch beiden genannten Vereinen. Dieser Vorteil und die Möglichkeit, Diesellokomotiven anzumieten, hat den Vereinen Hessencourrier und Eisenbahnfreunde Wetterau zunächst eine andere Entwicklung gebracht. Schwerpunkt dieser beiden Vereine wurde das Aufarbeiten von historischen Wagen; letztlich erwarb der Hessencourrier seine kleine Lok erst im Jahre 1978. So besitzt der Hessencourrier 13 verschiedene einsatzfähige Nebenbahnwagen. Die Eisenbahnfreunde Wetterau interessieren sich für einen reinen Nebenbahnzug im Stil der zwanziger Jahre im Reichsbahnlook.

Älteste Museumslok ist die 1887 von Hohen-

Triebfahrzeuge bei hessischen Museumsbahnen und Eisenbahnmuseen

Bahnen	Staats-	Privat-	Werks-	1435 mm	Schmalspur
Dampflokomotiven	11	3	5	18	1
Feldbahn-Dampfloks			6		6
Dieselloks Kö I/II	2			2	
Dieselloks V 36	4			4	
Feldbahn-Dieselloks			6		6
Triebwagen		3		3	
E-Loks E 60/SSB 14282	2			2	
Summe	19	6	17	29	13

zollern unter der Fabrik-Nr. 423 gebaute B-n2t-Lokomotive der Zschipkau-Finsterwalder Eisenbahn Nr. 1, später Neuhoffnungshütte, die nunmehr in Kranichstein zu finden ist. Hier ist auch die zweitälteste Maschine zu finden, die Zahnradlok C 1′ n4zzt, gebaut 1893 unter der Fabrik-Nr. 862 von der Wiener Lokomotivfabrik AG Floridsdorf. Die bei der BBÖ als 69.10, bei der DR als 97 210 und bei der ÖBB als 97.210 bezeichnete Lok war auf dem Erzberg im Einsatz und dürfte das wohl interessanteste Objekt überhaupt sein.

Privat- und Landesbahnen: Oldtimer und besondere Fahrzeuge im Normaldienst

Hessische Landesbahnen
Seit 1966 befinden sich die Aktien der Kleinbahn Frankfurt-Königstein und der Kleinbahn Kassel-Naumburg sowie seit 1972 die der Butzbach-Licher Eisenbahn zum überwiegenden Teil im Besitz der Hessischen Landesbahnen GmbH, die sich wiederum im Besitz des Landes befindet. Zwischen den genannten Gesellschaften bestehen Organschaftsverträge mit Ergebnisübernahmeverpflichtung durch die Hessischen Landesbahnen.
Diese Verflechtung ist auch der Grund, daß zwischen den Bahnen je nach Bedarf Maschinen untereinander ausgetauscht werden. Trotzdem sind die entsprechenden Besitzverhältnisse am Emblem der jeweiligen Lokomotive sichtbar.

Bad Hersfelder Kreisbahn
Nicht zu den Hessischen Landesbahnen zählt die Hersfelder Kreisbahn (Streckeninbetriebnahme 1912) mit der Strecke Bad Hersfeld — Heimboldshausen.

Reinheim-Reichelsheimer Eisenbahn
Gleichfalls nicht zu den Hessischen Landesbahnen zählend, besteht sie (Mitteldeutsche Hartstein Industrie) mit einem Restbetrieb zwischen Reinheim und Groß Bieberau. Im Bestand ist eine Diesellokomotive, gebaut von Orenstein & Koppel, Fabrik-Nr. 26718.

Kleinbahn Wächtersbach — Bad Orb
Sie hat eine Streckenlänge von 6,3 km und drei Diesellokomotiven, Inbetriebnahme 1901.

Kahlgrund-Verkehrsgesellschaft
Nicht zum Lande Hessen zählt die Kahlgrundbahn. Da sie jedoch im Einzuggebiet der hessischen Eisenbahnfreunde liegt, wurde sie hier erwähnt.
Mit einer Streckenlänge von 23 km liegt sie auf bayerischem Gebiet. Für den Personenverkehr sind im Bestand dieser Bahn Schienenbusse (ex VT 98), Eßlinger Trieb-/Beiwagen und zwei moderne Triebwagen von Waggon-Union seit Winter 1981/82 vorhanden.

Marburger Kreisbahn
(Inbetriebnahme 1904—1905, Stillegung 1972)
Außer einem 1,9 km langen Gleis bis zum ehemaligen Haltepunkt Cappel, nunmehr Industriegleis, sind die einst 17 km langen Streckengleise der Marburger Kreisbahn abgebaut. Auf diesem Restgleis werden Schotterwagen der Firma Nickel, Dreihausen, bereitgestellt. Eine firmeneigene Diesellokomotive von Orenstein & Koppel rangiert dort werktäglich. Die Bahnanlagen in Marburg-Süd sind an die DB vermietet.

Hafenbahn Frankfurt
Die als Verbindungsbahn 1859 in Betrieb genommene jetzige Hafenbahn, die den Frankfurt-Hanauer Bahnhof (Ostbahnhof) mit den ehemals nahe dem heutigen Schauspielhaus gelegenen Westbahnhöfen verband, ging 1913 in Besitz der Stadt Frankfurt über. Neben einem ausgedehnten Streckennetz mit Privatanschlüssen in den Frankfurter Häfen zählt ein Rangierbahnhof im Frankfurter Osten (Hanauer Land-

straße 411) zu dieser Bahn. Im Bestand der Hafenbahn sind neben zahlreichen Oldtimer-Güterwagen insgesamt vier D-gekuppelte dieselhydraulische Lokomotiven von Krauss-Maffei und eine C-Lok von 1979.

Hafen- und Industriebahn Offenbach
Auf den zwei getrennten Abschnitten der von den Stadtwerken betriebenen Hafen- und Industriebahn, mit Streckenlängen (Inbetriebnahme 1902/4) von je 8 Kilometern bei einer Gesamtgleislänge von rund 20 Kilometern, verkehren zwei C-gekuppelte Diesellokomotiven, gebaut von Klöckner-Humboldt-Deutz.

Standseilbahnen
Auf unserer Route finden wir drei Standseilbahnen.
In Rheinland-Pfalz liegen zwei in Bad Ems: die moderne Bahn auf die 132 m höher gelegene Bismarckhöhe mit einer Steigung von 78 Prozent und die mit Wasser getriebene auf den Hohen Malberg, 1980 stillgelegt.
In der hessischen Landeshauptstadt Wiesbaden liegt die gleichfalls mit Wasser getriebene 1888 eröffnete Nerobergbahn.

Eine kleine Analyse zeigt: Im Besitz von Privat- und Landesbahnen waren 1981 rund 18 Diesellokomotiven der Baujahre 1952 bis 1965 und nur eine neue Maschine, angeschafft 1979. Rechnerisch liegt das durchschnittliche Anschaffungsjahr aller Lokomotiven im Jahr 1959.
Personenverkehr in Hessen besteht noch bei folgenden Bahnen:
Hersfelder Kreisbahn mit Schienenbussen;
Kleinbahn Frankfurt-Königstein mit DB-Diesellokomotiven und DB-Personenwagen an Werktagen, zu schwachen Verkehrszeiten sowie an Samstagen, Sonn- und Feiertagen mit eigenen vierachsigen Triebwagen;
Kleinbahn Wächtersbach — Bad Orb mit drei Dieselloks und zwei eigenen vierachsigen Personenwagen.
Die restlichen Bahnen betreiben nur noch Güterverkehr oder leisten Rangierdienste. Außer bei der Frankfurter Hafenbahn sind im Besitz dieser Bahnen keine Personenwagen und Güterwagen mehr, ausgenommen ggf. einem Niederbordwagen für den Streckenunterhaltungsdienst.
Die in Bayern gelegene Kahlgrundbahn betreibt neben einem Busverkehr auch noch den Personenverkehr über die Schienen. Zeichen für den künftigen Fortbestand von hessischen Bahnen sind der Brückenbau 1981 bei der Kleinbahn Wächtersbach — Bad Orb und der neuzeitliche Lokschuppen- und Werkstattbau bei der Butzbach-Licher Eisenbahn. Die bayerische Kahlgrundbahn setzte ein Zeichen durch die Beschaffung von zwei Triebwagen (T 80 und T 81) der neuen Generation von der Waggon-Union, gebaut 1981.

Feldbahnen
Zahlreiche Feldbahnen finden wir in Hessen in den Spurweiten 500 mm, 600 mm, sogar in der seltenen Spurweite 740 mm, weiter 750 mm und 1000 mm. Die 900-mm-Spur ist nur bei Grubenbahnen zu finden. Von den vorhandenen 11 Feldbahnen hat die in Hainstadt/Hanau ihren Betrieb eingestellt. Die Gleise und die Lok sind noch vorhanden.
Im Bestand der Feldbahnen sind noch:

12	B-Diesellokomotiven	600-mm-Spur
2	B-Diesellokomotiven	740-mm-Spur
7	B-Diesellokomotiven	750-mm-Spur
7	B-Elektrolokomotiven	1000-mm-Spur
1	B-Diesellokomotive	1000-mm-Spur

sowie eine weitere abgestellte, also insgesamt 29 betriebsfähige Maschinen.

Grubenbahnen
In Hessen bestehen noch vier Grubenbahnen, zwei in 600-mm-Spur in Berghausen bei Wetzlar und in Waldhausen-Weilburg und zwei in 900-mm-Spur in Borken und in Wölfersheim-Södel. Aufgabe der 600-mm-Bahnen ist der Transport von Eisenerzen, die der beiden 900-

Der älteste Triebwagen der Darmstädter Straßenbahn (HEAG) ist der von den Darmstädter Verkehrsfreunden liebevoll aufgearbeitete Tw 37, gebaut 1913 von Gastell/SSW. Aufgenommen Juli 1982 im Betriebshof Böllenfalltor.

Zu besonderen Anlässen verkehren auf den Gleisen der Mainzer Straßenbahn die Museums-Triebwagen 93 (1929, Waggonfabrik Mainz) und 257 (1949, Westwaggon). Aufnahme Mai 1981.

mm-Bahnen der Transport von Braunkohle. Im Bestand der vier Grubenbahnen sind neben zahlreichen Selbstentladewagen und Loren:

2	B-Akkuloks	Spur 600 mm
2	B-Diesellokomotiven	Spur 600 mm
14	Elektrolokomotiven	Spur 900 mm
1	B-Diesellokomotive	Spur 900 mm

Die drei ältesten Maschinen in hessischen Grubenbahnen sind drei B-Elektrolokomotiven, gebaut von Henschel im Jahre 1924, die bei der Preußenelektra in Wölfersheim ihren Dienst versehen.

Die Grubenbahnen in Hessen sind sämtlich einstellungsbedroht, insbesondere wird wohl Preußenelektra in Borken den Betrieb der Bahn aufgeben.

Werksbahnen und Werksanschlüsse mit eigenen Triebfahrzeugen

Etwa fünfzehn Unternehmen in Hessen betreiben noch Werksverkehr mit eigenen Triebfahrzeugen. Im Bestand dieser Firmen sind etwa 23 normalspurige Diesellokomotiven sowie 2 Dampfspeicherlokomotiven. Größere Werksbahnen in Normalspur betreiben die Opelwerke in Rüsselsheim mit 7 Diesellokomotiven und die Preußischen Elektrizitätswerke in Borken (siehe auch unter Grubenbahnen) mit 2 Diesellokomotiven. Von Interesse für den Eisenbahnfreund sind insbesondere die Dampfspeicherlokomotive in Burg bei Dillenburg bei den Burger Eisenwerken und die Dampfspeicherlok bei der Enka-Glanzstoff in Kassel-Bettenhausen. Die älteste Dampfspeicherlok in Hessen ist aus dem Jahre 1929 und in Burg beheimatet. Die ältesten Diesellokomotiven sind drei Köl (1934), in Friedberg-Fauerbach bei der Firma Schwarz & Ulrich sowie in Ortenberg-Eckartsborn und in Saalburg Bf. zu finden. Von besonderem Interesse sind noch die Kohle-Triebzüge bei den Preußischen Elektrizitätswerken in Borken aus dem Jahre 1929, die jedoch nicht mehr im Einsatz sind. Außer einer ehemaligen V 36 aus dem Jahre 1942 bei der Zukkerfabrik Wetterau in Friedberg (Stillegung 1982) stammt der überwiegende Teil der Triebfahrzeuge aus den Jahren ab 1956.

Straßenbahnen, S- und U-Bahnen

Im Jahre 1981 gab es in Hessen noch Straßenbahnen in Darmstadt, Frankfurt und Kassel. S- und U-Bahnen finden wir beim Frankfurter Verkehrsverbund. Das Gebiet S- und U-Bahnen ist noch so neu für den Frankfurter Raum und noch vielen Änderungen unterworfen, daß es hier nicht spezialisiert behandelt werden kann. Auch das Thema Straßenbahnen ist zu umfangreich, um es in einem Reiseführer detailliert zu behandeln. Außer bei jeweils unter dem entsprechenden Ort beschriebenen Straßen-Oldtimern mußten wir uns auf allgemeine Hinweise beschränken; wir wollen es dem Leser teilweise überlassen, seine fotografierten Objekte anhand anderer angebotener spezifischer Literatur selbst zu identifizieren.

Kassel-Stadt:
40 km langes Streckennetz, 8 Linien, Sammlung von Oldtimern, Museumsfahrten mit Triebwagen 110 und 144 aus den Jahren 1907 und 1909.
Frankfurt:
Umfangreiches Straßenbahn- und U-Bahnnetz. Im Einsatz sind Fahrzeuge der Baujahre ab 1954, Sammlung von Oldtimern im Depot in Schwanheim, Museumsfahrten mit dem Ebbelwei-Express mit Triebwagen aus der Serie K, Credé, 1955, und Beiwagen 1953.
Darmstadt:
Mehrere Straßenbahn- und Überlandbahnlinien, als E-Wagen u. a. Triebwagen aus Regensburg und Remscheid und ältere Zweiachser. Museums Tw 37 von 1913, Kinderstraßenbahn Tw 49 und Bw 132 von 1914 sowie Tw 57 und 76 von 1926 und 1929.
Besondere Fahrzeuge der Stadtwerke Frankfurt im Straßenbahn-Güterverkehr waren eine C-Diesellokomotive mit Stromabnehmern zum

Betätigen der Signale, gebaut um 1936 von L. Schwartzkopff, ex Steinhuder-Meer-Bahn, und eine C-Akkulok (Gleichstrom), gebaut gleichfalls von der Berliner Maschinenfabrik, ex Nr. 8 der Hafenbahn Frankfurt, Ölhafen. Beide Maschinen waren bis 1982 in Oberursel stationiert, werden aber alsbald im Museum in Schwanheim zu finden sein.

Straßenbahnbeiwagen finden wir in Kassel im Verkehrsschulgarten Unterneustädter Kirchplatz, als Erinnerungsstück an die ehemalige Straßenbahn in Gießen einen Wagen in der Gabelsberger Straße bei den Stadtwerken. (Bw 501, 1895 v. d. Zypen & Charlier; Bw 11, 1949, Uerdingen.)

Da Mainz auf unserer Route liegt, wurde es unter Hessen dargestellt, obgleich es zu Rheinland-Pfalz zählt. In Mainz bestehen noch drei Straßenbahnlinien. Neben den im Normaldienst eingesetzten Triebwagen aus Aachen, Heidelberg und Mönchengladbach gibt es als Besonderheit auch einen Museumsbetrieb mit Tw 93 und Tw 257 von 1929 und 1949.

Bahnhöfe, Bahnbetriebswerke, Brücken und Kunstbauten

Soweit die im Hauptteil beschriebene Reiseroute bemerkenswerte Punkte berührt oder diese über einen kleinen Umweg erreichbar sind, wurden sie in diesen Reiseführer aufgenommen. Es hätte den Rahmen dieses Buches gesprengt, wenn alle wichtigen Bauten der verschiedenen Eisenbahnen hier aufgenommen wären. Der Eisenbahnfreund wird auf seiner Reise sicherlich noch manchen verträumten Bahnhof oder schönen Streckenabschnitt finden, um sein persönliches Foto zu schießen.

Leider wurden schon viele alte monumentale Bahnhöfe wie auch kleine Haltepunkte durch moderne Bauten ersetzt, vor allem an den Hauptstrecken. Erfreulicherweise sind gerade an der Main-Weser-Bahn einige Bahnhöfe im Jugendstil erhalten geblieben. So finden wir z. B. in Marburg, Bad Nauheim und Friedberg diese typischen Bahnhöfe der Jahrhundertwende. Interessantester Bahnhof Hessens ist der Frankfurter Hauptbahnhof. Der am 18. August 1888 um 4 Uhr morgens eröffnete Centralbahnhof ersetzte die zwischen 1839 und 1848 gebauten ehemaligen Westbahnhöfe, die im Bereich der heutigen Gallus-Anlage standen. In den Frankfurter Schienennetzbezirk führen elf Strecken, die sich im 8 bis 10 km langen Vorfeld in ein verwickeltes Netz von rund 30 ein- und zweigleisigen Strecken aufteilen, um die Bahnsteiggruppen des Hauptpersonenbahnhofs, den Hauptgüterbahnhof, den Eilgüterbahnhof und den Bahnhof Frankfurt-Süd zu erreichen. Unter fünf großen Hallen des Frankfurter Hauptbahnhofs sind insgesamt 24 Gleise verlegt. In den letzten Jahren wurden unterhalb des Hauptbahnhofs S- und U-Bahnhöfe gebaut.

Der Besucher dieses bedeutendsten Bahnhofs der Bundesrepublik sollte sich trotz der Vielfalt an technischen Eindrücken den Blick für die Schönheit im Detail — harmonisch zusammengefaßt zu einer baulichen Einheit — nicht verschließen. Von Interesse sind die verschiedenen Figuren, wovon teilweise zwei sich gegenüberstehende Figuren jeweils ein Symbol verkörpern. So finden wir oberhalb des Haupteingangs neben der Uhr Figuren, die „Tag und Nacht“ versinnbildlichen. Hinweisen möchten wir noch auf die Bahnhöfe Gießen, Wiesbaden und Bad Homburg.

Statistische Übersichten über die Bahnbetriebswerke im Bereich der Bundesbahndirektion Frankfurt (Main) und der dort stationierten Fahrzeuge finden sich alljährlich aktuell im LOK-MAGAZIN. In Hessen sind besonders die Werke von Bebra, Darmstadt, Frankfurt, Gießen und Kassel sowie das in Auflösung begriffene von Hanau zu nennen. Mainz-Bischofsheim und Mainz Hbf liegen am Rande unserer Route im Übergang zu Rheinland-Pfalz.

Von den Ausbesserungswerken finden wir eines in Frankfurt, Idsteiner Straße 18. Hier waren 1982 abgestellt als Heizlok die 152 025 und

191 011. Werkslok ist die 331 002. Hauptaufgabe ist die Personenzugwagen-Ausbesserung. Im Ausbesserungswerk Limburg werden vorwiegend Triebwagen ausgebessert. Die Akkulok Ks 4071 wird hier denkmalsmäßig aufgearbeitet, um sie auf dem Werksgelände aufzustellen. 1982 war auf dem Bahnhofsgelände gegenüber dem AW der alte Cochemer Tunnelwagen abgestellt (1929, Sbr 713 003-2).
Im Ausbesserungswerk Darmstadt, Frankfurter Straße 114—116, werden Güterwagen instandgesetzt. Gleich hinter dem Werkseingang steht als Denkmal ein aus dem Jahre 1884 stammender offener Güterwagen (Ork) der Preußischen-Hessischen Eisenbahn.
Interessante Brücken finden wir in Bergheim/ Giflitz, Friedberg (207 m), in Frankfurt mit seinen drei Main-Eisenbahnbrücken, bei Homberg (Ohm) (134 m), Niddatal-Assenheim (300 m) und Remsfeld (Kursbuch 525). Die auf unserer Route gelegene Brücke bei Mainz-Süd über den Rhein zählt bereits zu Rheinland-Pfalz. Bekannt sind auch die Brücken bei Guntershausen (238 m, KBS 500) und Kragenhof (KBS 250) über die Fulda.
Tunnels und andere Kunstbauten finden wir vor allem an der Lahnstrecke Wetzlar — Koblenz, in Kerkerbach, Idstein und in Mainz vor der Einfahrt in den Hauptbahnhof. Zu den längsten Tunnel der DB zählen auf der Strecke Frankfurt — Fulda der Distelrasen-Tunnel mit 3,575 km (2. Stelle) und auf der Strecke Eberbach — Hanau der Krähberg-Tunnel mit 3,100 km (4. Stelle).

Eine Rundreise durch Hessen für Eisenbahnfreunde

Unsere Route beginnt im Norden. Wir wollen in großen ost-westlichen Schleifen uns durch Hessen in Richtung Süden bewegen. Die erste Station, Warburg in Westfalen, ist hier lediglich festgehalten, da noch unbekannt ist, wo die preußische T 3 der Zuckerfabrik Warburg einmal verbleibt; dies, damit der Leser die entsprechenden Angaben später selbst einordnen kann.

Warburg (Westfalen)
Nordwestlich von Kassel, an der Autobahn Dortmund — Kassel, liegt das Städtchen Warburg. Hier finden wir nahe dem Bahnhof die Zuckerfabrik Warburg. Während der Rübenkampagne war im Rangierdienst die bereits 1898 unter der Fabrik-Nr. 3126 von HANOMAG gebaute preußische T 3, C n2t, noch 1979/80 im Einsatz. In den Monaten Oktober bis Dezember konnte man sich von Montag bis Freitag vom Einsatzwillen dieser feurigen kleinen Lok überzeugen. Ursprünglich war sie in Diensten der Oschersleben-Schöninger Eisenbahn als Betriebs-Nr. 2; in Warburg war sie im Übergabedienst eingesetzt. Nach einem Schaden wurde die Lok 1980 abgestellt, sie kommt nicht mehr zum Einsatz. Es wird darüber gesprochen, sie in Ochsenfurt bei der „Frankenzucker“ als Denkmal aufzustellen. Leider war ihr Zustand 1982 desolat. Die Zuckerfabrik Warburg hat Gleisanschluß an die DB-Strecke 340 Kassel — Hamm; sie setzt heute eine recht junge B-Diesellok von Deutz ein. Wir fahren weiter über die Autobahn bis zur Abfahrt Wilhelmshöhe (ggf. Abfahrt Zierenberg, dort Kleinbahn Kassel — Naumburg).

Kassel-Wilhelmshöhe
Am Endpunkt der Strecke (Kursbuch 531) der Kleinbahn Kassel — Naumburg, in Kassel-

Oben: Im Jahre 1982 stand – leider schon in desolatem Zustand – die ehemalige Werkslok der Zuckerfabrik Warburg auf dem Werksgelände. Die 1898/3126 von Hanomag gebaute Lok war zuerst bei der Oschersleben-Schöninger Eisenbahn als Nr. 2 eingesetzt. Noch 1978 hatte sie bei Reuschling eine Hauptuntersuchung erhalten, mußte aber 1980 wegen eines Schadens abgestellt werden. Möglicherweise wird sie bei Frankenzucker in Ochsenfurt als Denkmal aufgestellt. Aufnahme August 1979.

Rechts oben: Als erstes Triebfahrzeug im „Hessencourrier" wurde 1977 der Triebwagen T 24 von den Südwestdeutschen Eisenbahnen AG erworben. Er ist der älteste betriebsfähige Zweiachstriebwagen in der Bundesrepublik. Im Jahre 1925 ist der T 24 von van der Zypen & Charlier in Deutz unter der Fabriknummer 145450 gebaut und an die Süddeutsche Eisenbahngesellschaft (SEG) geliefert worden. Nach kurzem Einsatz auf der Nebenbahn Worms – Offstein kam er zur Kaiserstuhlbahn Riegel – Breisach – Gottenheim, wo er bis zum Verkauf eingesetzt war. Der Triebwagen hat 50 Sitzplätze und einen 150-PS-Büssing-Dieselmotor (1937 eingebaut), der eine Achse antreibt. Insgesamt hat er über 2 Millionen Kilometer zurückgelegt. Aufnahme März 1979.

Rechts: Am 20. Mai 1982 in Naumburg: Lok 5 und Packwagen 0501 091 ex KN 91 (1903 Waggonfabrik Bautzen) sowie Langenschwalbacher 0501 004 (1913 Zypen & Charlier, Deutz). Dahinter steht noch „auf dem Sockel" die Lokomotive KN 206 der Kleinbahn Kassel-Naumburg AG als Denkmalslokomotive am Endpunkt dieser Bahn. Diese E-Lokomotive wurde 1939 unter der Fabr.-Nr. 15721 von der Lokomotivfabrik Krauss-Maffei, München, gebaut. Die zwischen 1938–1941 beschafften Lokomotiven hatten im Gegensatz zu ihren Vorgängerinnen Beugniot-Drehgestelle. Bei dieser Konstruktion ist die 1. Achse mit der 2. Achse über einen Lenkhebel verbunden, so daß die seitenverschiebbare 1. Achse die 2. in Gegenrichtung verschiebt und die Bogeneinstellung erleichtert. Die Strecke der Kleinbahn Kassel – Naumburg wurde in der Zeit vom 1. 6. 1902 bis 31. 3. 1904 gebaut. Heute verkehren nur noch Güterzüge.

T 24
2
2

5

Volldampf-Betrieb des „Hessencourrier“ auf der Naumburger Bahn am 20. Mai 1982: Vorspann der EK-Lokomotive 24 009 vor Lok 5 und dem stattlichen Wagenpark des Vereins mit Baujahren ab 1894.

Auf dem Bahnhof Naumburg stand noch im Mai 1982 als Denkmal die Lok KN 206 (Krauss-Maffei, 1939/15721), eine ELNA-6-Sonderbauart, entsprechend den Steigungsabschnitten dieser Bahn. Nach der Aufarbeitung ist sie wieder betriebsfähig und wird auf der Strecke eingesetzt, um den „Hessencourrier“ zu traktieren.

Wilhelmshöhe, sind die Fahrzeuge des HESSENCOURRIER e. V. abgestellt. Von hier aus verkehrt von Mai bis Oktober an rund zehn Fahrtagen im Jahr der Museumszug „HESSENCOURRIER“ über die 33 km lange Strecke nach Naumburg. Traktiert werden die bunten Oldtimerwagen verschiedenster Bauart und Herkunft von einer Diesellok der KN oder pro Jahr an etwa vier Fahrtagen von der Dampflok des Arbeitskreises Historischer Zug. Auskünfte per Anschrift Kaulenbergstraße 5, 3500 Kassel, Telefon: (05 61) 3 59 25 oder 5 57 90. Zum Bestand zählen:

B-n2t-Dampflokomotive vom Typ B 350, gebaut 1952 unter der Fabrik-Nr. 25090 von Henschel, umgebaut 1976 auf Ölfeuerung. Die als Einzelstück gebaute Lok war bis 1976 bei der Edelstahl in Witten als Werkslok eingesetzt.

Zweiachsiger Triebwagen T 24, gebaut 1925 unter der Fabrik-Nr. 145450 von Zypen & Charlier. Dieser älteste noch betriebsfähige Triebwagen der BRD war zuerst eine kurze Zeit bei der Nebenbahn Worms — Offstein im Einsatz und fuhr dann bis 1977 auf der Kaiserstuhlbahn, Riegel — Breisach — Gottenheim (SWEG-Strecke RBG).

Zum Bestand der Arbeitsgemeinschaft zählen 13 aufgearbeitete Personen- und Packwagen sowie ein Kesselwagen für die Dampflok. Mehrere weitere Fahrzeuge sind noch aufzuarbeiten. Bereits einsatzfähig ist eine Klv-20-Draisine mit VW-Aufbau. Ende 1982 wurden der ex VT 110 (Credé/Henschel, 1965/31102/25735), zuletzt WNB, und die Lok KN 206 erworben. Der Fortbestand ist wegen der drohenden Stillegung des Abschnittes Baunatal — Naumburg gefährdet.

Von 1972 bis 1980 beförderte dieser aktive Verein (20 Mitglieder) über 45 000 Fahrgäste, die durch das liebliche nordhessische Bergland im Bummeltempo reisten. Die Fahrt per Dampflok über die 33 km lange Strecke beträgt rund 2 Stunden — per Diesellok 1½ Stunden.

Stationen sind:

Kassel-Wilhelmshöhe	0 km
Kassel-Nordshausen	4 km
Kassel-Baunatal	7 km
Kassel-Großenritte	10 km
Elgershausen	14 km
Hoof	18 km
Emstal	25 km
Naumburg	33 km

Kassel-Baunatal

Für das Volkswagenwerk Baunatal ist werktäglich je eine Diesellok der KN im Rangierdienst eingesetzt. Auf dem Werksgelände von VW, gegenüber dem Bahnhof Baunatal (KN), steht eine Einheit von LBE-Doppelstockwagen, wie sie vormals auf der Strecke Hamburg — Lübeck — Travemünde im Einsatz waren. Die Einheit soll nach einer Aufarbeitung zu Messen und Ausstellungen rollen, um für VW zu werben. Weitere Einheiten finden wir beim Verein Lübecker Verkehrsfreunde und bei den Eisenbahnfreunden Wegberg (ex Nr. 1 der LBE, abgestellt im Bw Rheydt, Eigentum des DB-Sozialwerks Wegberg).

Kassel

Kassel besitzt bereits seit 1877 eine Straßenbahn. Zwischen Königsplatz und Wilhelmshöhe wurde hier die erste deutsche Dampf-Straßenbahn eröffnet. In Kassel werden heute acht Straßenbahnlinien betrieben (Normalspur). Das Streckennetz beträgt rund 40 km, das Depot ist in Wilhelmshöhe. An Oldtimern sind noch im Bestand der Verkehrsgesellschaft AG:

ex Pferdebahnwagen Nr. 8, Tw 80, Baujahr 1898;

ex Triebwagen 120, Baujahr 1925, Hersteller Orenstein & Koppel, jetzt Fahrschul-Tw 100. In den Monaten Juni bis August verkehren zwischen Königsplatz und Wilhelmshöhe die Oldtimer-Triebwagen 110 und 144 aus den Jahren 1907 bzw. 1909, die 1977 in ihren ur-

Straßenbahn-Depot in Kassel-Wilhelmshöhe. Das Streckennetz der Kasseler Straßenbahn umfaßt rund 40 km und 8 Linien. Foto Mai 1982.

Triebwagen 110 der Kasseler Verkehrs-Gesellschaft AG, gebaut von van der Zypen & Charlier, Köln-Deutz, im Jahre 1907; umgebaut 1920/23 und 1953, ab März 1960 als Arbeitswagen eingesetzt, restauriert im Jahre 1977; nunmehr Museums-Triebwagen, der zusammen mit dem Tw 144 aus dem Jahre 1909 in den Monaten Juni bis August bestellte Sonderfahrten zwischen Königsplatz und Wilhelmshöhe absolviert. (Foto: KVG).

sprünglichen Zustand zurückgebaut wurden. Erhalten werden noch zweiachsige Triebwagen der Baujahre 1936 bis 1941 für Sonderfahrten. Die restlichen alten 10 Trieb- und 6 Beiwagen wurden im November 1981 versteigert.

Der Wagenpark umfaßt folgende neue Fahrzeuge:

301—317, sechsachsige Zweirichtungs-Triebwagen, 1966—1970, Wegmann;

351—357, sechsachsige Einrichtungs-Triebwagen, 1970—1971, Credé;

358—366, sechsachsige Einrichtungs-Triebwagen, 1970—1971, Wegmann;

401—416, achtachsige Stadtbahnwagen Typ N8C, 1981, Düwag/AEG;

561—571, Beiwagen für Einrichtungsbetrieb, 1967—1971, Credé und Wegmann.

Im Verkehrsschulgarten Unterneustädter Kirchplatz (Messeplatz) finden wir eine B-n2t-600-mm-Schmalspurlok, gebaut 1952 von Henschel (ex Casseler Basalt Industrie), und den Beiwagen 501 der KVG, Kasseler Verkehrsgesellschaft AG, gebaut 1895 von van der Zypen & Charlier (Schlüssel am Altmarkt auf dem Polizeirevier).

Im Hessischen Landesmuseum wird die erste von der Firma Henschel gebaute Elektrolokomotive erhalten, die im Jahre 1905 unter der Fabrik-Nr. 7443 gefertigt wurde. Die Lok war bis 1972 auf dem meterspurigen Netz der Dresdner Verkehrsbetriebe unermüdlich im Einsatz. Eisenbahnfreunde aus der Bundesrepublik entdeckten sie dort. Nach langwierigen Verhandlungen mit der DDR war ein Rückkauf möglich. Im Frühjahr 1979 wurde die 7443 nach Kassel überführt und von der Belegschaft bei Thyssen-Henschel mit Jubel begrüßt. Ihre Aufarbeitung wieder in den ursprünglichen Zustand war in einer derart kurzen Zeit möglich, daß die Maschine bereits im Mai 1979 auf der Fahrzeugschau zum Jubiläum „100 Jahre elektrische Eisenbahn“ in Freimann gezeigt werden konnte. Sie hat nunmehr ihren Ehrenplatz im Innenhof des Landesmuseums.

Vor dem Gebäude der Hauptverwaltung von Thyssen-Henschel, Werk Mittelfeld, direkt neben der Zufahrt, steht als Denkmal die schwere Güterzug-Dampflokomotive 44 481, die von Thyssen-Henschel im Jahre 1978 zurückgekauft wurde. Die 1'E-h3-Lokomotive wurde im Jahre 1942 unter der Fabrik-Nr. 26090 von Henschel gebaut und wurde am 25. Mai 1977 in Gelsenkirchen-Bismarck ausgemustert. (Holländische Straße, Wiener Straße). Im Werk selbst wird die Bn-n2t-Tramlok „Hummel“ My 603 der Geldernschen Tramweg erhalten. Hinter dem Werkstor (Eingang an der B 7/B 83 in Richtung Höxter) befindet sich eine Bronze-Gedenktafel, gestiftet von Beamten und Arbeitern der Firma Henschel anläßlich der Vollendung der 5000. gebauten Lokomotive im Jahre 1899.

An der B 83, auf der wir weiterfahren, wenn wir Thyssen-Henschel verlassen, befindet sich in Kassel-Waldau das Werksgelände der Kiesbaggerei Oppermann, früher Firma Freudenstein. Hier standen noch 1981 eine B-Tunnellok, zwei B-Tenderlokomotiven und zwei C-Heeresfeldbahn-Schlepptenderloks. Sie wurden inzwischen mit unbekanntem Ziel abtransportiert.

Kassel-Bettenhausen

Auf der von der Enka-Glanzstoff betriebenen Werksbahn war 1982 noch eine Dampfspeicherlok im Einsatz, eine zweite ist in Reserve. B-Dampfspeicherlokomotive, Enka 3 (Henschel 1949/27006); B-Dampfspeicherlokomotive, Enka 4 (Krupp 1960/3110); Enka 1 (Henschel 1946/28398) und Enka 2 (Henschel 1951/24842) waren 1982 abgestellt. (Enka-Betrieb ist einstellungsbedroht).

Naumburg

Über die Autobahn Kassel — Dortmund A 44/E 63 gelangt man zur Abfahrt Zierenberg, weiter über die Bundesstraße 251 und ab Bründen über Altenstadt nach Naumburg. Hier ist das Bw der Kleinbahn Kassel — Naumburg (KN). Von Interesse sind die für den Güterverkehr

Der im Januar 1947 ausgemusterte Beiwagen 501 der KVG steht nunmehr im „Verkehrsschulgarten" in Kassel am Unterneustädter Kirchplatz. Besichtigung nach Genehmigung durch die Polizeistation am Altmarkt. Dort befindet sich auch diese 600-mm-B-n2t-Werkslokomotive, 1952 von der Firma Henschel gebaut. Sie dampfte ehemals für die Casseler Basalt-Industrie. Aufnahme März 1979.

vorgesehenen schweren Dieselloks (Kursbuch 531), die auch im Rangierdienst bei VW in Baunatal eingesetzt sind. Sie gehören zum Typ DG 2000 von KHD.

V 166, C'C'M, 1959/56955;

V 167, C'C'M, 1965/57877.

Die V 166 wurde ursprünglich an die Köln-Frechen-Benzelrather Eisenbahn geliefert und war dort als V 82 eingesetzt. 1969 kam sie leihweise zur Firma Hoesch und 1970 zur KN, zuerst leihweise, 1971 wurde sie dann käuflich erworben. Die V 167 wurde am 24. Februar 1977 von der Dortmunder Hafenbahn erworben. Naumburg ist auch der Endpunkt der Museumsfahrten des HESSENCOURRIER.

Betrachten wir kurz die Geschichte der Kleinbahn Kassel — Naumburg AG (KN): Nachdem die Staatsbahnstrecke von Kassel über Zierenberg und Wolfhagen nach Volkmarsen fertiggestellt war, strebte der südwestliche Teil des Kreises Wolfhagen nach Anschluß an die Eisenbahn. Bereits 1892 trat ein Komitee zusammen, das den Bau einer Bahn von Kassel-Wilhelmshöhe über Naumburg nach Fritzlar mit einer Querverbindung von Naumburg nach Wolfhagen plante.

Durch Erlaß vom 28. Februar 1894 wurden die Vorarbeiten zum Bau einer normalspurigen Nebenbahn genehmigt. Die Baukosten waren auf rund 6,5 Millionen Mark veranschlagt.

In der Abteilung Technikgeschichte des Hessischen Landesmuseums in Kassel, Brüder-Grimm-Platz 5, befindet sich seit dem 7. Juli 1979 die erste von Henschel gebaute Elektrolok (1905/7443), ex Kgl. Sächsische Staatsbahn, Strecke Dresden – Deuben, zuletzt Dresdener Verkehrsbetriebe im Rollbockbetrieb Dresden – Freital. Aufnahme 1979 noch in Freimann.
Das Museum ist täglich (außer Montag) 10–17 Uhr geöffnet.

Vor dem Verwaltungsgebäude von Thyssen-Henschel, Werk Mittelfeld, steht die Güterzuglok 44 481 (Henschel, 1942/26090), im Werk selbst wird die B-n2t-Tramlok „Hummel“ My 603 der Geldernschen Tramweg erhalten. Aufnahme März 1979.

V 166, eine der zwei dieselhydraulischen Lokomotiven (Deutz DG 2000, Fabrik-Nr. 56955, Baujahr 1959, Achsfolge C'C') der Kleinbahn Kassel – Naumburg, steht hier im Einsatz auf dem Bahnhof Baunatal. Foto 1979.

Doch der Staat zeigte kein Interesse an diesem Projekt. Auf eine Intervention der Gemeinden hin wurde aufgrund des Gesetzes vom 28. Juli 1892 dann der Bau einer Kleinbahn erwogen. Die Kosten für eine normalspurige Kleinbahn von Kassel nach Naumburg schätzte man auf rund 2,9 Millionen Mark. So wurde am 24. März 1899 der Gesellschaftsvertrag der Kleinbahn Kassel — Naumburg AG beschlossen. Den Bau der Bahn übertrug die neue Gesellschaft der AG für Bahn, Bau und Betrieb, Frankfurt, mit Vertrag vom Juni 1902.

Das erste Teilstück konnte bereits am 29. Oktober 1903 dem Betrieb übergeben werden, der Anschluß nach Naumburg war am 31. März 1904 fertiggestellt. Die Streckenlänge beträgt 33,4 km. Mit Steigungsverhältnissen von 1 : 35 bis 1 : 60 gehört die KN zu den Gebirgsbahnen. Dies erschwerte den Zugbetrieb von Anfang an und führte in der Folgezeit zur Entwicklung besonders leistungsfähiger Lokomotiven. Bis zur Anschaffung der schweren dieselhydraulischen Deutz-DG 2000-Lokomotiven kam die KN nicht darum herum, auf Teilstrecken den Großteil der Züge mit Vorspann oder Schublok zu fahren.

Der Betrieb wurde 1903 mit drei C1-n2t-Lokomotiven der preußischen Gattung T 9^1 aufgenommen. Eine Maschine dieses Typs von der Kleinbahn Frankfurt — Königstein finden wir heute als Denkmalslokomotive in Hattersheim.

Im Jahre 1908 kam eine weitere Lok dieser Gattung dazu. Alle Loks kamen von Borsig. Die T 9^1-Lokomotiven erwiesen sich jedoch infolge der steigenden Zuggewichte als zu schwach, deshalb kaufte die KN 1925 drei Lokomotiven mit Achsfolge E von Krauss, eine Fortentwicklung der ELNA-Lokomotiven. 1926 erwarb die KN noch eine vierte Lok des gleichen Typs, 1939 und 1941 die fünfte und sechste Lok. Die 1941 gebaute Lokomotive war die KN 206, die heute als Denkmal auf dem Bahnhof Naumburg steht.
Das durch die KN zu bedienende Gebiet war reich an Bodenschätzen. Der Güter- und der Personenverkehr entsprach anfangs den Erwartungen, doch blieb die Wirtschaftskrise 1930 nicht ohne Auswirkung auf die Bahn. Viele Steinbrüche schlossen, der Verkehr wanderte auf die Straße ab.
In dieser schwierigen Lage kam der Bau der Henschel-Flugzeugwerke in Altenbauna der Bahn zu Hilfe. Für das direkt neben der Bahn liegende Werk waren zuerst Baustoffe, dann Rohmaterialien und die Fertigprodukte zu transportieren. Auch der Personenverkehr war mit einer täglichen Beförderungszahl von 2500 Fahrgästen beachtlich. Im Jahre 1979 ist das Werk Baunatal, jetzt Volkswagenwerk, nahezu einziger Transportpartner der KN. Der Personenverkehr ist bis auf Sonderfahrten seit Herbst 1977 eingestellt.
Neben dem Bahnhof Naumburg stand noch 1982 die Lok KN 206. Sie wurde im Jahre 1941 unter der Fabrik-Nr. 15721 als letzte Maschine dieser Sonderbauart von Krauss-Maffei gebaut. 1971 wurde sie als Denkmal in Naumburg aufgestellt. Im Herbst 1982 erwarb sie der Hessencourrier, um sie nach Wiederaufarbeitung betriebsfähig wieder einzusetzen. Telefon der Kleinbahn in Kassel: (05 61) 3 20 66.

Bergheim/Giflitz — Waldeck

Südöstlich von Bad Wildungen liegt Borken. Der eilige Reisende erreicht diesen Ort ab dem

Dieser Viadukt zwischen Bergheim/Giflitz und Waldeck auf der Strecke (Kursbuch 532) Wabern — Bad Wildungen — Korbach — Brilon Wald führt über die B 485. Aufnahme März 1979.

Kasseler Südkreuz (Baunatal) über die Autobahn A 49 — Fritzlar bis Kleinenglis. Wer Zeit hat, sollte an der Edertalsperre vorbei über Bad Wildungen fahren.
Wer letztere Strecke wählt, findet zwischen Bergheim/Giflitz und Waldeck einen wunderschönen fotogenen Viadukt, welcher über die Bundesstraße 485 führt (Strecke 532 Wabern — Bad Wildungen — Korbach — Brilon Wald).

Remsfeld

Der eilige Reisende, der über die Autobahn Kassel — Bad Hersfeld A 7/E 4 gefahren ist und in Homberg die Autobahn verlassen hat, kann die Brücke zwischen Remsfeld und Homberg/Bezirk Kassel (Strecke 525) der Kanonenbahn Malsfeld — Treysa, die bei Relbehausen über ein Tal und die Bundesstraße 323 führt, im Bild festhalten.

Borken

An der Strecke Kassel — Frankfurt liegt zwischen Wabern und Treysa (Kursbuch 520) der Ort Borken. Hier unterhält die Preußische Elektrizitäts AG elektrische Grubenbahnen mit 1200-Volt-Gleichstrom zur Versorgung des Kraftwerkes Borken der Preußenelektra. Das Bw/AW ist in Kleinenglis. Vor dem Betreten muß man sich bei der Betriebsleitung anmelden, soweit man nicht von der Straße aus fotografiert, was durchaus möglich ist.
Der Kohlentransport erfolgt mittels normalspuriger Fahrzeuge:
Nr. 51, Zweikraftlok (Gleichstrom 1200 V/Akkuspeicher), gebaut von Henschel im Jahre 1950, Bo'Bo';
Nr. 54, 55, MaK 600 147, 600 151 wie DB V 65;
Nr. T 101—106, Kohle-Triebzugwagen, gebaut von Henschel/AEG im Jahre 1929, Bo'2+2'2'

Speicherlok Nr. 51 mit Oberleitung, gebaut von Henschel im Jahre 1950, Achsfolge Bo'Bo', Treibraddurchmesser 900 mm, Gesamtachsstand 6500 mm, Dienstgewicht 40 t, Gleichstrom 1200 V, Stundenleistung 535 PS, größte Zugkraft 10 000 kg, Länge über Puffer 9900 mm, Höchstgeschwindigkeit 50 km/h, kleinster Bogenmesser 50 m. Aufnahme in Borken August 1979.

Für den Transport von Kohle standen der Preußischen Elektrizitäts AG in Borken u. a. sechs normalspurige elektrische Gütertriebwagen T 101–106, Baujahr 1929, zur Verfügung. Hier T 106 innerhalb des Werksgeländes. Die Streckenlänge der normalspurigen Bahn zum Transport der Kohle beträgt ca. 19 km. Länge über Puffer 15700 mm, Motorleistung 2 x 88 kW, Ladegewicht 35000 kg. Aufnahme März 1979.

Lok Nr. 73, 30-t-Zweikraft-Lokomotive auf der 900-mm-Abraumbahn der Preußischen Elektrizitäts AG Borken (Bz. Kassel), Achsfolge B, Hersteller Henschel/AEG. Aufnahme August 1979.

+2'Bo (Triebwagen — Beiwagen — Triebwagen).

Die Abraumbahn ist in Spurweite 900 mm ausgelegt. Hier verkehren Nr. 71 bis 73, 30-t-Zweikraftlokomotiven, Achsfolge B, gebaut von Henschel/AEG, und Bo'Bo' Grubenlokomotiven Typ EL 4, gebaut von Henschel 1948—1958 (Betriebs-Nummern 2, 6, 14, 15, 16).

Die Beiwagen zum Kohletriebzug werden unter den Nummern 110—112 geführt. Die Beiwagen für den normalspurigen Kohletransport sind als 00tz bezeichnet, im Bestand sind rund 30 Wagen. Der 900-mm-Abraumbahn stehen rund 70 Drehgestell-Seitenkippwagen zur Verfügung.

Von besonderem Interesse sind die Dreischienengleise (Zweispurgleise) mit nur einem Fahrdraht. Das 900-mm- und 1435-mm-Streckennetz ist je 20 km lang. Die Kohlenförderung wird in den nächsten Jahren beendet sein.

Von Borken aus fahren wir in Richtung Schwalmstadt über Bundesstraßen nach Leimsfeld. Die DB-Strecke Kassel — Bebra (Kursbuch 500) wird bei Malsfeld von der ehemaligen Kanonenbahn nach Treysa überquert (Kursbuch 525). An dieser Strecke liegt Leimsfeld.

Leimsfeld, Didier-Werke

Nördlich der DB-Strecke finden wir eine 3 km lange 740-mm-Feldbahn, die von einem Quarzitbruch zu den Verladerampen am Bahnhof Leimsfeld führt. Hier sind werktäglich im Sommer zwei Diesellokomotiven im Einsatz. Zum Bestand zählen rund 30 gebremste und gefederte Feldbahnloren. Von Interesse sind ein steiler Waldtrassenabschnitt sowie eine Dreiwegeweiche. Von hier suchen wir in Richtung Osten den Weg nach Bebra.

Bebra

Auf der Ostseite der Nordausfahrt, über die Bahnüberführung — gegenüber dem Empfangsgebäude — finden wir in einer kleinen Grünanlage als Denkmal die Schnellzug-Dampflokomotive 01 1102, 2'C1'h3, gebaut im Jahre 1940 unter der Fabrik-Nr. 11358 von der Berliner Maschinenbau AG, vormals Louis Schwartzkopff, Wildau bei Berlin. Nach ihrer Abnahme am 13. August 1940 war sie nachstehenden Bahnbetriebswerken zugeordnet:

19. 9. 1940— 9. 11. 1940	München Hbf
10. 11. 1940—21. 3. 1941	Bedarfsausbesserung im RAW Braunschweig
22. 3. 1941— 6. 2. 1943	München Hbf
7. 2. 1943—12. 5. 1944	Nürnberg Hbf
13. 5. 1944—28. 7. 1944	Kassel-Bahndreieck
29. 7. 1944— 9. 11. 1944	L3-Untersuchung im RAW Nied
11. 11. 1944— 3. 9. 1945	Marburg (Lahn)
4. 9. 1945—12. 4. 1957	Kassel

Rechts oben: An der Nordausfahrt des Bahnhofs Bebra steht in einer kleinen Grünanlage ein Lokomotiv-Denkmal, das an den Einsatz schwerster Dampflokomotiven von Bebra aus erinnern soll. Es ist die Schnellzuglokomotive 01 1102, gebaut im Jahre 1940 unter der Fabrik-Nr. 11358 von der Berliner Maschinenbau-AG, vormals Schwartzkopff, in Berlin-Wildau. Länge über Puffer 24130 mm, Höchstgeschwindigkeit 140 km/h, Leistung 2470 PSi. Nachdem die Lok lange Jahre sich im Rostanstrich präsentierte, waren die fachmännisch ausgeführten Renovierungsarbeiten 1981 abgeschlossen. Aufnahme April 1981.

Rechts: Einer der insgesamt sieben Eisenbahn-Grenzübergänge für Reisende in die DDR ist der zwischen Obersuhl und Gerstungen. Von Bebra aus führt die nicht elektrifizierte Strecke zum 19 km entfernten Übergang. Zur Traktion der Reisezüge stehen Diesellokomotiven im Bw Bebra bereit. Hier verläßt Diesellok 216 203-0 über die Segment-Drehscheibe den Bebraer Diesellokschuppen. Hinten Bahnhof Bebra. Aufnahme 17. April 1981.

01 1102

12. 4. 1957—13. 2. 1963	Bebra
21. 3. 1963—11. 4. 1967	wieder Kassel
18. 5. 1967—30. 9. 1972	Hamburg-Altona
1. 10. 1972—28. 12. 1972	Rheine
29. 12. 1972	z-Stellung
29. 4. 1973	Ausmusterung

Ein Teil der Stromlinienverkleidung wurde zum 29. November 1942 im RAW Meiningen entfernt. Die restliche Verkleidung wurde am 29. September 1950 demontiert. Im Ausbesserungswerk Braunschweig erhielt die 01 1102 am 10. Juni 1954 einen Neubaukessel Nr. 28958 von der Firma Henschel, eine Umstellung auf Ölhauptfeuerung erfolgte am 22. Mai 1957. Ihre Bezeichnung lautete zuletzt 012 102-0. Vom Bahnsteig des Bahnhofs Bebra hat man einen guten Einblick in das Bahnbetriebswerk. In den beiden Lokschuppen sind getrennt Dieselloks und Elektroloks untergebracht. Die eine der beiden Drehscheiben ist eine Segment-Drehscheibe. Wer ein gutes Foto einer 150 schießen möchte, findet hier bestimmt ein Motiv.

Über Bebra verkehren Züge in die DDR. Entlang der Strecke — vom Bahnhof aus in Richtung Wasserturm — ergeben sich gute Möglichkeiten, um von der erhöhten Böschung herab die Züge zu fotografieren.

Links oben: Vom Bahnsteig des Bahnhofs Bebra hat der Eisenbahnfreund einen guten Blick auf das dortige Betriebswerk. Hier die Elektro-Lokomotiven 141 242-8, 141 282-4, 110 110-4 und 140 235-3. Aufnahme September 1980.

Links: Hauptschlagader des Nordsüd-Verkehrs der Bundesrepublik mit vielen wichtigen Zügen: Strecke 500, Bebra – Frankfurt/Main, hier mit 103 154-0 auf der Fahrt in Richtung Frankfurt zwischen Bebra und Bad Hersfeld. Aufnahme September 1980.

Bad Hersfeld

Gegenüber dem DB-Bahnhof Bad Hersfeld befindet sich der Bahnhof der Hersfelder Kreisbahn. Mit einem bißchen Glück steht dort der RENFE-Gliedertriebzug mit der Betriebs-Nr. VT 54 (1966/72448) und VS 55 (1966/72449), gebaut von Uerdingen. VM 56 (1968/72913, HU 31. 7. 82) kommt kaum noch zum Einsatz. Auf dem Bahnhof können wir uns erkundigen, wo die V 30^{II} ex DB 232 001-8 anzutreffen ist. Diese 4000-PS-Maschine wurde 1962 von Henschel unter der Fabrik-Nr. 30400 gebaut. Zum Bestand zählt seit 1981 auch noch eine „Lollo", die Betr.-Nr. 31^{III}, ex 216 004-2 (Vorserie der V 160), gebaut von Krupp im Jahre 1961, und eine V 100 in Privatbahnausführung mit der Betriebs-Nr. 32, gebaut 1965 unter der Fabrik-Nr. 1000245 von Maschinenbau Kiel. An Schienenbussen sind noch die einmotorigen VT 50 bis 52 vorhanden (wie DB VT 95, jedoch mit Puffern). An Personenwagen stehen der Kreisbahn sechs B3yg-Wagen zur Verfügung. Die Fahrzeuge sind in Schenklengsfeld abgestellt, wo sich auch das Bw befindet.

Ein Blick in die Geschichte der Hersfelder Kreisbahn, Strecke Bad Hersfeld — Heimboldshausen:

Nachdem bereits um die Jahrhundertwende Pläne für den Bau einer Eisenbahn von Hersfeld nach Heimboldshausen bestanden, begann am 24. April 1904 das Eisenbahn-Regiment No. 3 mit den Vorarbeiten zum Bau dieser Bahn. Unter Leitung von Hauptmann Hecke wurde im Gelände die Trasse einer 25 km langen normalspurigen Bahn zwischen Hersfeld und Heimboldshausen abgesteckt. Auf Initiative des damaligen Landrats des Kreises Hersfeld, von Grunelius, beschloß dann endlich am 29. November 1909 der Hersfelder Kreistag, die Bahn zu bauen. Daraufhin konnte die Kreisbahn am 26. September 1912 feierlich eröffnet werden. Für den Materialtransport zum Bahnbau war eine Feldbahn gelegt worden. Die

Im Bestand der Hersfelder Kreisbahn sind Schienenbusse der Bauart VT 95 (mit Puffern). Aufgenommen im September 1978 im Bahnhof Schenklengsfeld, dem Betriebsmittelpunkt der HKB.

Lok V 38 II der HKB, vormals DB 232 001-8, auf der Strecke Philippsthal/Heimboldshausen in Richtung Bad Hersfeld unterwegs mit einem Kalizug. Aufnahme 30. September 1978. In dieser Zeit beförderte die Hersfelder Kreisbahn mehr als 0,7 Mio t an Gütern, vornehmlich Kalisalze, wozu ihr die stärkste deutsche Diesellokomotive zur Verfügung stand. Die Höchstgeschwindigkeit von 160 km/h kann natürlich auf der 29 Kilometer langen Strecke nicht ausgefahren werden.

Strecke enthält 67 Kurven mit einem kleinsten Radius bis zu 200 Metern. Im Streckenverlauf wird ein Höhenunterschied von rund 156 Metern überwunden. Höchster Punkt der Bahn mit 356,69 m ist bei der Haltestelle Wehrshausen, Wasserscheide zwischen Werra und Fulda. Wie seinerzeit in allen Genehmigungsurkunden üblich, beinhaltete die unter dem 22. November 1910 datierte für die Hersfelder Kreisbahn eine Laufzeit von 100 Jahren. Der Eröffnungstag war für die Bevölkerung des Landecker Amts und des Werratales ein besonderes Ereignis. Die von Henschel unter Fabrik-Nr. 11011 und 11012 gebauten Maschinen trugen Messingschilder mit den Namen Hersfeld, No. 1 und Landecker, No. 2. Die grünen 1'C-n2t-Lokomotiven gehörten zur preußischen T 9.3. Zur Erstausstattung gehörten weiterhin noch zwei T 3, gebaut gleichfalls von Henschel (Fabrik-Nr. 11013 und 11014), die unter den Namen Fulda, No. 3, und Werra, No. 4, im Einsatz standen. Die Strecke beginnt in Hersfeld, mit gegenüber dem Staatsbahnhof gelegenem Empfangsgebäude. Durch eine Unterführung gelangt man zur Kreisbahn. Eine Laderampe für Kopf- und Seitenverladung, Gleiswaage und Abstellgleise runden das Bild ab. Die Strecke führt zuerst östlich neben der Staatsbahn-Strecke, biegt dann jedoch östlich über die Fulda hinweg in Richtung Südosten. Wälder und Wiesen wechseln sich ab, und zahlreiche Kunstbauten wie kleine Brücken, Dämme und Einschnitte beleben die Trassenführung. Die mit Fachwerk verzierten Bahnhofsgebäude passen in die liebliche Landschaft. Bei km 5,0 liegt der Bahnhof Sorga mit Seitenrampe. Malkomes bei km 9,6 besitzt eine Rampe für Kopf- und Seitenverladung. Nachdem die Strecke von Hersfeld aus gefallen ist, beginnt die Strecke ab Sorga bis zum Haltepunkt Wehrshausen zu steigen. Hinter Malkomes liegt bei km 11,0 der Haltepunkt Schenksolz. Bei km 15,0 liegt der größte Bahnhof der Kreisbahn, Schenklengsfeld. Neben dem Bw und Triebwagenschuppen mit ausreichend Abstellflächen und dem Stationsgebäude ist auch hier eine Laderampe für Kopf- und Seitenverladung vorhanden. Bei km 18,0 ist der höchste Punkt der Kreisbahn mit 356 m erreicht. Ab hier fällt die Strecke ohne Zwischensteigungen. Es folgt bei km 20,6 der kleine Bahnhof Ransbach. Bis hier verkehrt üblicherweise der Museums-Triebwagen der „Arge Regelspur", der Fulda-Werra-Express II. Bei km 24,5 liegt die Haltestelle für den Güterverkehr Nippe für die Kaliwerke Aschersleben und die Schachtanlagen Heimboldshausen und Ransbach. Die Endstation bei km 26,0 ist der Gemeinschaftsbahnhof Heimboldshausen.

Nach dem Ersten Weltkrieg entwickelte sich das Verkehrsaufkommen nach Rückschlägen während des Krieges wieder positiv. Neue Probleme ergaben sich durch Stillegung der Kaliwerke Heimboldshausen und Ransbach. Von 1923 bis 1928 hatte sich das Verkehrsvolumen verdoppelt, sank aber bis 1933 wieder ab. Bis zum Ende der 30er Jahre stieg das Verkehrsaufkommen allerdings wieder von 240 000 auf 540 000 t an.

Trotz größter Schwierigkeiten konnte der Verkehr während des Zweiten Weltkrieges aufrechterhalten werden. Dann wurde die Fuldabrücke von deutschen Truppen gesprengt. Nach der Kapitulation folgte eine Verkehrsruhe von wenigen Wochen. Bereits am 10. September 1945 fuhr aber der erste Zug wieder bis zum Kreisbahnhof Hersfeld. Die wieder aufgebaute Brücke mit sechs Bogen liegt am Fuße des Obersberges. Große Probleme ergaben sich nach dem Kriege durch Errichtung der Zonengrenze. Die Verkehrslinien nach Thüringen brachen auseinander. Gleich nach dem Kriege mußte der gesamte Verkehr auf der in der US-Zone liegenden Reststrecke der Reichsbahn zwischen Philippsthal und Widdershausen von der Kreisbahn übernommen werden. 1946 wurde er von der Reichsbahn der US-Zone übernommen. Durch die erneut angeordnete Sperrung der Linie Vacha — Heringen — Gerstungen — Bebra mußte vom 1. Juli 1952 bis 30. November 1954 der gesamte Verkehr von und zum Kaligebiet mit bis zu 71 Zugfahrten über die Kreisbahn geleitet werden. Mehr als 500 Wagenladungen Kali mußten für die Werke Hattorf und Wintershall abgefertigt werden. Mit 2 116 000 Tonnen im Jahre 1954 erreichte die Kreisbahn den absoluten Höchststand. Neben den vier Dampfloks der Kreisbahn waren noch zahlreiche Bundesbahn-Maschinen eingesetzt. Vom 1. Dezember 1967 bis 28. September 1969 wurde der Grenzübergang Gerstungen erneut von den DDR-Behörden gesperrt, wieder mußte der gesamte Kaliverkehr über die Kreisbahn geleitet werden. In 1968 erreichte die Transportleistung nahezu 1,7 Millionen Tonnen. Die inzwischen angeschafften Dieselloks der Kreisbahn mußten durch Dieselloks der Bundesbahn unterstützt werden. Ab 1969 wurde entschieden, den gesamten Kaliverkehr des Werkes Wintershall und 75 Prozent des Werkes Hattorf über Gerstungen nach Bebra zu transportieren. Nur die restlichen 25 Prozent des Werkes Hattorf verblieben für die Kreisbahn. Aufgrund der Einbeziehung der Umwegefrachthilfe des Bundes auch für die Kreisbahn konnte die bisherige Wettbewerbsverzerrung gegenüber der Bundesbahn beseitigt werden. Ab 1. Januar 1976 wurde die gesamte Kaliproduktion des Werkes Hattorf wieder über die Kreisbahn transportiert. Mit einem heutigen Güteraufkommen von rund 900 000 Tonnen und einem allerdings rückläufigen Personenverkehr (1977: 253 000 Fahrgäste) ist der Fortbestand der Bahn zumindest für den Güterverkehr vorerst gesichert. Die HKB hat ihren Sitz in 6430 Bad Hersfeld, Heinrich-Börner-Straße 10. Betriebsmittelpunkt ist Schenklengsfeld.

Schenklengsfeld
In Schenklengsfeld betreibt die Ziegelei Heimeroth & Wolger eine 600-mm-Feldbahn. Im Betrieb ist eine Diema-Diesellok, gebaut 1965 unter der Fabrik-Nr. 2786, die zwei Selbstentladewagen traktiert. Eine weitere Diesellok, Henschel 1948/1997, steht betriebsfähig in Reserve.

Bad Hersfeld, Fulda-Werra-Express II
An zehn Tagen im Jahr veranstaltet diese Arbeitsgruppe Triebwagen-Museumsfahrten auf der Kreisbahn. Auskunft wird erteilt per Anschrift Fulda-Werra-Bahn, Postfach 1, 6440 Bebra. Eilige Auskünfte unter Telefon (0 66 21) 7 18 70.
Die Museumsfahrten werden mit dem ehemaligen Triebwagen „Moorexpress“, VT 162 der Bremervörde-Osterholzer-Eisenbahn, bezeichnet als 662801-0, durchgeführt. Das Fahrzeug trägt nunmehr den Namen Fulda-Werra-Express II. Der Triebwagen wurde von der Niedersächsischen Waggonfabrik Elze im Jahre 1950 unter der Fabrik-Nr. 7384 gebaut. Zum Bestand zählen noch eine Klv12-Bahnmeister-Draisine und ein Bier-Güterwagen. 1982 hatte der Triebwagen technische Probleme; er soll vielleicht veräußert werden. Das Clubheim (Gleis DB-Bf.) im vierachsigen Behelfspersonenwagen gehört den getrennt von obengenanntem Verein geführten Hersfelder Eisenbahnfreunden.

Eitersfeld-Arzell
Hier in der Schoderstraße 7 errichten die Mitglieder der Fuldaer Kleinbahn e. V. eine 600-mm-Feldbahn.

Bad Hersfeld, Firma Kirchner
Auf der Fahrt in Richtung Schenklengsfeld finden wir in Bad Hersfeld in der Friedewaldstraße bei der Firma Kirchner eine gepflegte B-n2t-600-mm-Feldbahnlokomotive, gebaut von Henschel im Jahre 1951 unter der Fabrik-Nr. 28487, dahinter eine Lore. Weiterhin ist noch eine alte Straßen-Dampfwalze aufgestellt. Unterlagen über die Lok waren leider nicht mehr vorhanden.

Im Jahre 1978 wurde der VT 162, Großtriebwagen der Bremervörde-Osterholzer Eisenbahn, vom Verein Fulda-Werra-Express käuflich erworben. Das Fahrzeug wird auf der Strecke der Hersfelder Kreisbahn zu Sonderfahrten eingesetzt. Der Triebwagen erhielt in Erinnerung an den ersten Benzoltriebwagen der HKB die Bezeichnung „Fulda-Werra-Express II", unrealistisch ist die elfenbein/violette Farbgebung. Hersteller war Waggonfabrik J. Graff GmbH, Elze, Baujahr 1950, Fabrik-Nr. 7384, Länge über Puffer 18 620 mm, Höchstgeschwindigkeit 72 km/h. Das Bild vom 17. April 1981 zeigt den „Fulda-Werra-Express II" am Endhaltepunkt in Ransbach.

Diese 600-mm-B-Werkslokomotive, gebaut unter der Fabrik-Nr. 28487 im Jahre 1951 von der Firma Henschel, steht bei der Firma Kirchner in Bad Hersfeld in der Friedewaldstraße. Der äußerliche Zustand der Maschine ist hervorragend. Aufnahme 30. September 1978.

89 7531
2

92 739

Kirchheim/Hessen, Seepark

Südwestlich von Bad Hersfeld liegen Kirchheim und der Seepark. Hier ist auf dem Autoparkplatz ein ganzer Personenzug aufgestellt. Vor dem Zug steht eine preußische T 3, die 89 7531, gebaut im Jahre 1898 von der Maschinenfabrik Esslingen, Fabrik-Nr. 2985, C n2t. Nicht epochegerecht sind zwei B3yg-Wagen, lediglich der Bi-Wagen ist es. Die Lok entstammt einer für die Braunschweigische Landeseisenbahn gebauten Serie, spätere Reichsbahnnummern 89 7531-41, und war bis 1968 im Ausbesserungswerk Schwerte beschäftigt. (Wagen ex HKB 1, 2 und 16.)

Stadt Allendorf

Anfang 1983 wurde die zuletzt hier als Denkmal aufgestellte 92 739 (D n2t, preuß. T 13) ins AW Trier überstellt. Die DB-Leihlok soll wieder aufgearbeitet werden. Um sie nach Bekanntwerden ihres weiteren Verbleibs im Reiseführer neu einzuordnen, wurde die Lokomotive hier aufgenommen.

Die 92 739 ist im Jahr 1914 unter Fabrik-Nr. 2126 von der Union-Gießerei in Königsberg gebaut und am 19. Mai 1914 an die Königlich-Preußische Eisenbahn-Verwaltung (KPEV) geliefert worden. Hier wurde die Lokomotive unter der Bezeichnung „Essen 7964" in Dienst gestellt. Die noch vorhandenen Aufzeichnungen beginnen erst im Jahre 1928:

19. 9. 1928—14. 2. 1929	Witten-West
15. 2. 1929—16. 2. 1929	Hamburg-Wilhelmsburg
17. 2. 1929—15. 1. 1941	Hamburg-Eidelstedt
14. 2. 1941—15. 11. 1941	Wien-Nord
16. 11. 1941—12. 3. 1942	Lundenburg
13. 3. 1942— 9. 7. 1942	Ingolstadt
24. 7. 1942— 8. 4. 1944	Kriegsdienst im Osten bei der Haupteisenbahndirektion Mitte
30. 9. 1944	Reichsbahndirektion Kassel
30. 1. 1946—22. 12. 1965	Kassel-Bahndreieck
23. 12. 1965	Ausmusterung

Die 92 739 war die letzte Lokomotive dieser Baureihe, die von der Deutschen Bundesbahn ausgemustert wurde. Sie konnte leider von der DGEG nicht übernommen werden, so bemühte sich Stadt Allendorf erfolgreich um diese Maschine. Der Zustand der als Denkmalslok im September 1970 aufgestellten 92 739 war nach mehr als zehn Jahren im Freien nicht ausgesprochen befriedigend.

Sterzhausen/Lahntal

Kaum in eine Route einzuordnen ist der nordwestlich von Marburg liegende Punkt Lahntal-Sterzhausen. Wir können ihn von Gönnern aus oder von Stadtallendorf als nächsten Halt vorsehen. Bei der Didier-Werke AG, Quarzitbruch Lahntal-Sterzhausen, finden wir Diesel-Feldbahnloks von Diema und zwar DS 16 mit der

Links oben: Im Seepark zu Kirchheim: Lokomotive 89 7531, Baujahr 1898, MF Esslingen, Fabrik-Nr. 2985, Laufleistung 500 000 km, Dauerleistung 290 PS, Höchstgeschwindigkeit 40 km/h, Treibraddurchmesser 1100 mm, Kesseldruck 12 kp/cm², Kolbenhub 550 mm, Zylinderdurchmesser 350 mm, Verdampfungsheizfläche 55,67 m², Dienstgewicht 31 Mp, Länge ü. P. 8280 mm, gebaute Stückzahl 1500. Die beiden B3yg-Wagen sind die ex Hersfelder Kreisbahn Nr. 1 und 2 in zweiter Besetzung, sie wurden 1971 von der DB übernommen und hatten dort die Nr. 86139 und 86308; seit 1977 im Seepark. Aufnahme 30. September 1978.

Links: Die Güterzug-Tenderlokomotive 92 739, gebaut 1914 unter der Fabrik-Nr. 2126 von der Union-Gießerei in Königsberg, stand in Stadt Allendorf im Stadtpark beim Schwimmbad. Die ursprünglich als „Essen 7964" in Dienst gestellte Lok hatte ein bewegtes Leben bei zahlreichen Betriebswerken von Nord bis Süd und einem zweijährigen Kriegseinsatz im Osten. Bauart D n2t, Länge über Puffer 11100 mm, Höchstgeschwindigkeit 45 km/h, Leistung 500 PSi. Aufnahme 25. Februar 1979.

Die normalspurige B-Werkslokomotive der Mitteldeutschen Hartstein Industrie AG, Nieder-Ofleiden. Hersteller Henschel, Kassel. Das Schotterwerk liegt an der 20 km langen DB-Strecke Burg- und Nieder Gemünden – Kirchhain (Kursbuch-Nr. 527). Aufnahme Februar 1979.

Die Lokomotive Nr. 1 der Marburger Kreisbahn steht seit 1972 als Denkmal am ehemaligen Endpunkt dieser aufgelassenen Bahn in Dreihausen gegenüber dem alten Bahnhof. Typ Bismarck, Bauart C n2t, Baujahr 1904, Fabrik-Nr. 6676, Hersteller Henschel & Sohn, Gewicht 42 t. Aufnahme Februar 1979.

Fabrik-Nr. 1438 und DS 22 mit der Fabrik-Nr. 1455.

Allendorf-Greifenstein
Zur Beförderung von Ton in Allendorf-Greifenstein, Oberste Weide, betreiben die Didier-Werke eine 600-mm-Feldbahn mittels B-Feldbahn-Diesellokomotiven. Nähere Angaben waren nicht zu erhalten.

Nieder-Ofleiden
Wer noch eine Diesel-Werkslokomotive im Bild festhalten möchte, muß ab Kirchhain in Richtung Süden, nahezu bis Homberg (Ohm), fahren. An der Strecke 527, Burg- und Nieder-Gemünden — Kirchhain, befindet sich in Nieder-Ofleiden die Verladestelle der Mitteldeutschen Hartstein AG. Hier verkehrt eine B-Werkslok, gebaut von Henschel.

Ohmtalbahn
Die 1901 in Betrieb genommene Ohmtalbahn hat eine besonders reizvolle Streckenführung mit insgesamt acht Brücken: Feldabrücke, Ohmbrücke (N.-Gemünden), Krebsbachbrücke zwischen dem Haltepunkt Waldershausen und Neuhaus, 134 m langes Ohmtalviadukt bei Homberg, zwei Ohmbrücken südlich von Amöneburg, eine Ohmbrücke nördlich von Amöneburg und die Kleibachbrücke zwischen Amöneburg und Kirchhain. Der Personenverkehr ist seit dem 31. Mai 1980 auf dieser Strecke eingestellt.

Dreihausen
Vor Homberg (Ohm) fahren wir in Richtung Westen nach Dreihausen (Ebsdorfer Grund, südöstlich von Marburg/Lahn). Hier steht gegenüber dem alten Bahnhof die Lok 1 der Marburger Kreisbahn, gebaut von Henschel im Jahre 1904, Fabrik-Nr. 6676, Typ Bismarck. Die Gleise der Marburger Kreisbahn wurden bis auf 1,9 km zwischen Marburg Süd und Cappel im Jahre 1972 abgebaut. Hier verkehrt noch eine Werkslok der Firma Nickel, gebaut von Orenstein & Koppel.

Mainzlar
Über die Landstraße fahren wir über Allendorf (Lumda) nach Mainzlar (KBS 528, Strecke Lollar — Londorf). Bei der Didier-Werke AG finden wir eine normalspurige B-Diesel-Werkslok, gebaut von Orenstein & Koppel 1967/26677, und drei 500-mm-Dieselloks, Deutz 1939/23334 und 1939/23 333, letztere als Reserve, sowie abgestellte Diema 1947/1228.

Mücke-Groß Eichen
Südöstlich von Mainzlar, wieder zurück über die Autobahn, Abfahrt Homberg/Ohm, südlich weiter in Richtung Grünberg, finden wir östlich von Grünberg den zu Mücke zählenden Ortsteil Groß Eichen. An der Streitbach-Brücke steht hier die B-n2t-Feldbahnlokomotive, 600 mm, ex Faber & Schnepp, Gießen.

Krofdorf-Gleiberg (Biebertalbahn)
Nordöstlich von Gießen, in der Nähe der Burg Gleiberg, steht vor dem Hotel Wettenberg als Denkmal die 1000-mm-C-n2t-Dampflokomotive „Bieberlieschen“. Die bullige kleine Lok wurde im Jahre 1923 von Henschel unter der Fabrik-Nr. 19979 gebaut und ist in ihrem grünen Anstrich sehr fotogen. Sie wurde 1965 als Denkmal zur Erinnerung an die am 30. April 1963 aufgelassene und inzwischen abgetragene Schmalspurbahn aufgestellt.
Die am 19. 8. 1898 eröffnete Bahn hatte zur Zeit ihrer größten Ausdehnung eine Streckenlänge von 8,68 km bei einer Gleislänge von 13,46 km. Eigentümer und Betriebsführer war ursprünglich die Deutsche Kleinbahn Gesellschaft bzw. Allgemeine Deutsche Eisenbahn AG mit der Betriebsführungsgesellschaft in Form einer GmbH gleichen Namens. Durch Fusion dieser Betriebsführungsgesellschaft mit der Aktiengesellschaft für Verkehr ging 1927 die Bahn in das Eigentum der Vereinigten Kleinbahn AG

In Mücke-Groß Eichen an der Streitbachbrücke steht diese B-n2t-Feldbahnlokomotive, zuletzt eingesetzt bei der Firma Faber & Schnepp, Gießen. Aufnahme Oktober 1982.

Die Lokomotive 60, das „Bieberlieschen“, Spurweite 1000 mm, Achsfolge C, steht vor dem Hotel Wettenberg in Krofdorf-Gleiberg nordwestlich von Gießen. Das „Bieberlieschen“ dampfte vormals auf der Kleinbahn von Gießen nach Bieber und gehört heute Herrn Sommerlad aus Gießen. Die kräftige Lok befand sich am 11. Februar 1979 in ausgezeichnetem Zustand. Gewicht der Lok: 26,4 t, Hbr.-Gew.: 20,0 t, Wasser: 3,0 m³, Kohlen: 1,5 t. Die Biebertalbahn hatte ihre Einstellung des Personenverkehrs 16. 4. 1952, Abbau der Gleise Gießen – Abendstern (4,2 km): 1954, Abbau Abendstern – Gießen: 1963; letzter Güterzug verkehrte am 30. April 1963.

über. Die Betriebsführung verblieb vorerst noch unverändert, ging aber später an die Vereinigten Kleinbahn AG. Nach dem Krieg übernahm die Betriebsführung der Biebertalbahn die Deutsche Eisenbahn-Gesellschaft Frankfurt. Im Rahmen des Sozialisierungsparagraphen 41 der Verfassung gingen die Anteile an die vom Land Hessen gegründete Hessische Landesbahn GmbH. Die Aufgabe der Bahn war die Abfuhr von Ziegeleierzeugnissen, Erz, Kalk und Steinen sowie landwirtschaftlichen Erzeugnissen, die Anfuhr von Kohle und Düngemitteln. Hauptkunden waren zwei Tongruben bei Bieber und die Ziegelei Abendstern, der Steinbruch mit Steinwerk bei Bieber und die Erzgruben „Eleonore“ (Fa. Stumm), „Friedberg“ (Fa. Buderus) und „Königsberg“ (Fa. Mannesmann) sowie Kalkwerke.
Nach dem Ersten Weltkrieg verschlechterte sich die Lage der Bahn aufgrund der allgemeinen wirtschaftlichen Bedingungen. Erst nach 1938 begann für die Biebertalbahn nochmals eine bessere Zeit, als die Erzgruben wieder an Bedeutung gewannen. Das Ende der Erzförderung Anfang der sechziger Jahre brachte auch das Ende dieser kleinen Bahn. Im Personenverkehr, insbesondere im Berufs- und Schülerverkehr nach Gießen und den Industriegebieten Lollar und Wetzlar über Abendstern, waren naturgemäß die Früh- und Abendzüge von Bedeutung.
Im Bestand der Biebertalbahn waren bis zuletzt die Ursprungs-Personenwagen aus 1898/99. Der relativ hohe Bestand mit acht Personenwagen und drei Post/Packwagen zeigt die Bedeutung des Personenverkehrs 1914 mit neun Zugpaaren an Werktagen.
Der Kleinbahnhof lag ursprünglich in Gießen hinter der Lahnbrücke. Nachdem der Lokschuppen und die Werkstatt 1944 durch Kriegseinwirkung zerstört wurden, siedelten Verwaltung und Werkstatt nach Bieber um. Das Bahnhofsgebäude in Gießen wurde nach Einstellung des Personenverkehrs abgerissen.
Die Bahn hatte nachstehende Bahnhöfe und Haltepunkte:
Gießen Klbf., Gießen Hardtallee, Heuchelheim Ost, Heuchelheim, Windhof, Abendstern Klbf., Krofdorf-Gleiberg, Rodheim (Bieber), Bieber.
Unsere Route zweigt hier in Richtung Westen ab, auf der Rückfahrt durchfahren wir nochmals Gießen, um die Reise in Richtung Süden fortzusetzen. Wer also direkt nach Süden weiterfährt, lese auch unter „Gießen“.

Wetzlar

Zuerst sollte der Eisenbahnfreund auf dem Bahnhof Ausschau halten, ob nicht interessante Triebwagen oder Dielselloks am Bahnsteig stehen. Die hier abzweigende Strecke 540, Gießen — Koblenz, ist noch nicht elektrifiziert. Mehrere Jahre schlummerten in Wetzlar zwei Oldtimer-Elektroloks der Reihe E 75. Eine steht z. Z. in München-Neuaubing, wo die Oldtimer-Elloks der Bundesbahn aufbewahrt werden.
In Wetzlar steht in der Avignon-Anlage die 1980 äußerlich wieder aufgearbeitete Werkslok Nr. II der Buderus-Edelstahlwerke Wetzlar. Die kleine B-n2t-Lok wurde im Jahre 1910 von der Lokomotivfabrik Hohenzollern unter der Fabrik-Nr. 2421 gebaut. Durch den neuen Anstrich ist zu hoffen, daß die kleine Lok erhalten bleibt. Die Länge der Werkstrecke der Edelstahlwerke beträgt 8 km. Der Verschubdienst wird von Diesellokomotiven Krauss-Maffei, 225 PS, durchgeführt.
Zurück zur Autobahn 45, nun geht's in Richtung Nordwesten bis zur Abfahrt Herborn-Süd und weiter in Richtung Dillenburg.

Burg

In Burg bei Dillenburg gibt es die Burger Eisenwerke (Juno). Hier ist werktäglich noch eine Dampfspeicherlok im Rangier- und Übergabedienst im Einsatz. Die Lok wurde im Jahre 1929 unter der Fabrik-Nr. 4433 von Arnold Jung, Jungenthal, gebaut. Sie ist die älteste betriebsfähige Dampfspeicherlok in Hessen.

Links oben: Diese kleine B-n2t-Werkslokomotive steht in der Avignon-Anlage in Wetzlar. Sie wurde im Jahre 1910 unter der Fabrik-Nr. 2421 von der Lokomotivfabrik Hohenzollern in Düsseldorf gebaut und war bei Röchling in Dorsten bis zum Jahre 1927 eingesetzt. Nach Verkauf an die Firma Buderus war sie als Werkslok Nr. II auf der rund 8 km langen Werksbahn der Edelstahlwerke in Wetzlar im Rangierdienst. Sie wurde im Jahre 1959 nach 49 Dienstjahren ausgemustert. Noch 1979 war sie in einem traurigen Zustand, erhielt jedoch 1980 einen neuen Anstrich und wurde aufgearbeitet. Technische Angaben zur Nr. II: Spurweite 1435 mm, Länge ü. P. 6650 mm, 30 km/h, 100 PS.

Links: In Burg bei Dillenburg wird von den Burger Eisenwerke (Juno) dieses B-Dampfspeicher-Lokomotive im Rangier- und Übergabedienst eingesetzt. Die Lok wurde im Jahre 1929 unter der Fabrik-Nr. 4433 von Arnold Jung GmbH in Jungenthal bei Kirchen an der Sieg gebaut. Aufnahme März 1979.

Oben: Die Güterzug-Tenderlokomotive 94 1538, Baureihe 94^{5-17}, Bauart E h2t, steht auf dem Bahnhofsvorplatz in Gönnern (nordöstlich von Dillenburg). Einige dieser Maschinen, wie auch die 94 1538, waren mit Riggenbach-Gegendruckbremsen ausgerüstet und kamen auf verschiedenen Steilrampen zum Einsatz. Länge ü. P. 12 660 mm, Treib- und Kuppelräder 1350 mm Durchmesser, Höchstgeschwindigkeit 60 km/h. Die Maschine ist für eine Denkmallok in ausgezeichnetem Zustand. Aufnahme März 1979.

In Richtung Dillenburg bei Niederscheld biegen wir nordöstlich ab und fahren entlang der Strecke 366 nach Gönnern. Da wir vorher einen Blick ins Kursbuch geworfen haben, verpassen wir auch nicht den Zug, der gerade über den langen Viadukt fährt, der auf unserer Route liegt, wie zahlreiche andere Kunstbauten dieser Steilstrecke.

Gönnern

Auf dem Bahnhofsvorplatz in Gönnern finden wir als Denkmal eine T 16^1, die E-h2t-Dampflokomotive 94 1538. Auskunftsgemäß ist die Lok auf Initiative des Unternehmers J. Müller durch die Stadt Gönnern aufgestellt (Fahrzeuge der Bauunternehmung Müller siehe auch unter Dampfbahn Rhein-Main, Frankfurt-Bockenheim) worden. Demnächst soll neben der Lok noch ein Wasserkran errichtet werden. Die zuerst als „Essen 8763“ bezeichnete Lok wurde im Jahre 1922 von der Berliner Maschinenfabrik AG, vormals Louis Schwartzkopff, unter der Fabrik-Nr. 8085 gebaut und ist mit einer Gegendruckbremse ausgestattet. Am 27. November 1922 wurde sie an die Deutsche Reichsbahn ausgeliefert. Am gleichen Tage noch erfolgte von Wildau nach Großköritz die Abnahmeprobefahrt. Die endgültige Abnahme wurde unter dem 20. Januar 1923 im Betriebsbuch festgehalten. Der Beschaffungspreis war zu jener Zeit 109 000 Reichsmark.

Die ersten beiden Betriebsjahre verbrachte die 94 1538 im damals von den Franzosen besetzten Rheinland. Weitere Stationen waren vom 17. 10. 1925 bis 13. 5. 1927 Altenkirchen und vom 14. 5. 1927 bis 21. 12. 1971 Dillenburg. 1968 erhielt die 94 1538 die neue Bezeichnung 094 538-6. Ihre letzte Fahrt war am 19. Dezember 1971 mit dem Personenzugpaar Nr. 3208/3217 zwischen Dillenburg und Gönnern und zurück. Am 22. Dezember 1971 wurde sie von der Ausbesserung zurückgestellt und am 18. April 1972 ausgemustert. Noch vor dem Ausmusterungstermin erfolgte die denkmalsmäßige Herrichtung der nun wieder als 94 1538 bezeichneten Lokomotive.

Wir müssen nun wieder zurück nach Wetzlar, um über die B 429 und 49a in Richtung Weilburg — Limburg weiterzufahren.

Berghausen bei Wetzlar

Bald hinter Wetzlar finden wir in Richtung Norden abzweigend die Straße nach Oberbiel und die Eisenerzgrube „Fortuna“. Für den Transport aus dem Untertagebau zur Zerkleinerungsanlage ist hier eine 600-mm-Grubenbahn vorhanden. Im Einsatz sind zwei Akkuloks und eine Diesellok, Achsfolge B.

Merenberg-Allendorf

In der Nähe der Abzweigung nach Weilburg liegt der Ort Allendorf, eingemeindet zu Merenberg. Wer aufpaßt, sieht bereits an der Straße in Richtung Limburg auf der Südseite mitten auf dem Feld eine kleine Dampflokomotive. Es ist eine im Jahre 1979 von den Eisenbahnfreunden Kerkerbach aufgestellte T 2, gebaut im Jahre 1901 unter der Fabrik-Nr. 5009 von A. Borsig in Berlin. Nachdem die Lokomotive durch die Kerkerbachbahn AG von einer Zechenbahn im Ruhrgebiet erworben wurde, konnten schon seinerzeit die Unterlagen (Revisionsbuch usw.) nicht übergeben werden. Bereits zu jener Zeit wurde die Lok in der Absicht angeschafft, um sie der Nachwelt als Denkmal zu erhalten. Sie war deshalb nie bei der Kerkerbachbahn im Einsatz. Als die Kerkerbachbahn in der DB aufging, sollte sie jedoch nebst 2 Güter- und 1 Personenwagen verschrottet werden (1000 mm, 1435 mm). Ein Verein konnte die Lok vor der Verschrottung bewahren. Ende 1978 wurde sie von einem

Rechts oben: In Berghausen westlich von Wetzlar, an der Straße nach Oberbiel, liegt die Eisenerzgrube „Fortuna“. Für den Transport von Erzen aus dem Untertageabbau zur Zerkleinerungsanlage ist eine Grubenbahn (600 mm) vorhanden. Im Einsatz sind zwei Akkuloks und eine Diesellok. Aufnahme 21. Januar 1980.

Rechts: Diese Tenderlokomotive Nr. 576, gebaut im Jahre 1901 von der Firma Borsig in Berlin-Tegel, steht nunmehr in Merenberg-Allendorf an der B 49 Limburg – Wetzlar. Die Denkmalslokomotive gehört den Eisenbahnfreunden Kerkerbach. Ihr Zustand ist ausgezeichnet. Aufnahme 10. März 1979.

metallverarbeitenden Betrieb in Merenberg aufgearbeitet und Anfang 1979 als Denkmal aufgestellt. Sie befindet sich in ausgezeichnetem äußerlichem Zustand.

Weilburg
Im Weilburger Schloß ist ein Bergwerksmuseum untergebracht. Neben Exponaten und Fotos u. a. von der Braunfelser Ernst-Bahn sowie anderen Erzgrubenbahnen sind Akku- und Diesel-loks in 600-mm-Spur ausgestellt.

Weilburg — Waldhausen
Von Waldhausen führt von den Barbara Rohstoffbetrieben eine 600-mm-Grubenbahn durch den Wald zur Verladestelle am Bahnhof Weilburg. Von Interesse ist u. a. ein 111,5 m langer Tunnel. Die Diesellok, die dort im Einsatz steht, wurde im Jahre 1950 von der Ruhrtaler Maschinenfabrik Schwarz und Dyckerhoff gebaut, Typ KML 7, 32 PS. Die kleine Bahn soll demnächst wegen Umstellung auf Lkw-Betrieb aufgelassen werden.

Kerkerbach, Gemeinde Runkel
An der Strecke Gießen — Koblenz (Kursbuch 540) liegt zwischen Weilburg und Limburg der Bahnhof Kerkerbach. Wer noch drei Oldtimer-Wagen auf einem Zweispurgleis sehen möchte, muß einen kleinen Abstecher machen. Leider sind der schmalspurige Personenwagen und der offene Güterwagen sowie der normalspurige geschlossene Güterwagen in desolatem Zustand. In Richtung Limburg ist noch eine Brücke mit dahinterliegendem Tunnel von Interesse.
Die einzelnen Streckenteile der heute fast verschwundenen Kerkerbachbahn wurden zwischen 1886 und 1888 sowie zwischen 1905 und 1911 eröffnet. Neben Meterspurstrecken waren dreischienige Abschnitte mit Regelspur vorhanden. Hauptgesellschafter waren ursprünglich holländische Unternehmen zum Abbau des Säulenbasalts zum Bau des Zuidersee-Damms. Aufgrund der Verfassung des Landes Hessen ging die Bahn in Gemeineigentum über und wurde auch in der Betriebsführung einer Treuhandgesellschaft des Landes Hessen unterstellt. 1953 erfolgte die Wiedereinrichtung einer eigenen Betriebsführung und Übernahme der Aktien durch die BASF, Wiesbaden.
Aufgabe der Bahn war die Herstellung einer Verbindung zur 1862 eröffneten Staatsbahnlinie Limburg — Weilburg bzw. über die Lahn weiter zu einem Rheinhafen. Transportiert wurden Kalk, Basalt, Brauneisenstein, Manganerz, Phosphorit, Ton und Kohle.
Die in den Güterverkehr gesetzten Erwartungen erfüllten sich jedoch nicht, lediglich die Kalkvorkommen in Dehrn brachten der Bahn später ein gewisses Verkehrsaufkommen. Die Bahnhöfe lagen weit ab von den Gemeinden. Zufriedenstellend war nur die Zeit vor und während des Ersten Weltkrieges und nach 1936, als Erz benötigt wurde oder für die Autobahn große Mengen Steine zu transportieren waren. 1929, nach Schiffbarmachung der Lahn, existierte ein Anschlußgleis zwischen Steeden mit den Kalkwerken zum Lahnhafen. Im Zuge des Baues der Autobahnbrücke bei Limburg über das Lahntal verlegte die Kerkerbachbahn ein normalspuriges, 3,5 km langes Gleis über Dietkirchen zur Baustelle. Täglich verkehrten bis zu 40 Wagen zur Baustelle.
Der Personenverkehr war unbedeutend und beschränkte sich auf zwei Zugpaare. So existierten auch nur drei Personenwagen und ein 1907 gebauter Dampftriebwagen (verschrottet 1935). Der letzte große Kunde waren die Tongruben bei Hintermeilingen. Die Schließung dieser Gruben war 1960 auch das Ende dieser Bahn. Verblieben ist die nunmehr normalspurig ausgelegte Strecke Kerkerbach — Dehrn, die seit dem 1. Januar 1975 vom Bahnhof Kerkerbach aus als Anschlußgleis von der Bundesbahn betrieben wird. Der höchste Bestand an Wagen war zwischen 1935 und 1938 mit 97 Güterwagen, 2 Personenwagen und einem Packwagen erreicht.

Auf der bereits seit 1910 bestehenden 1,4 km langen Bahn der Grube Waldhausen der Barbara-Rohstoffbetriebe verkehrt diese Diesellok, die im Jahre 1950 von der Ruhrthaler Maschinenfabrik Schwarz und Dyckerhoff gebaut wurde. Typ KML 7, Leistung 32 PS. Vor Weilburg fährt die Bahn durch einen 111,5 m langen Tunnel. Der Transport des Erzes soll demnächst auf Lastkraftwagen umgestellt werden. Aufnahme 24. März 1981.

Zwischen Weilburg und Limburg, an der Strecke 540 Gießen – Koblenz, liegt der Bf Kerkerbach. Hier stehen auf den Resten des ehemaligen Dreischienengleises schmalspurige und normalspurige drei Oldtimer-Personenzug- und Güterwagen. Zustand September 1980.

Die Fahrzeughalle in Limburg (Lahn) mit Akku-Triebwagen der Baureihe 517 am 24. Februar 1979. Im Jahre 1952 wurden die ersten Akku-Triebwagen dieser Baureihe, ETA 176 001-002, in Betrieb genommen, Höchstgeschwindigkeit 90 km/h. Es folgten die Fahrzeuge ETA 176 003–008 mit einer anderen Aufteilung des Innenraumes. Der Wagenkasten ist als selbsttragende, verwindungssteife Röhre in kombinierter Spanten- und Schalenbauweise hergestellt. Zu den Triebwagen gehören noch acht typengleiche Steuerwagen ESA 176, die unter der Bezeichnung 817 60X geführt werden. Bauart Bo'2', Länge ü. P. 27 000 mm, Nennleistung 200 kw, Höchstgeschwindigkeit der 2. Serie 100 km/h. Bald werden sie ausgemustert.

Im Jahre 1932 lieferte die AEG im Rahmen der Entwicklung von Kleinlokomotiven für den Rangierdienst eine Akku-Lok, die als Ks 4071 in den Bestand der DRG eingereiht wurde. Das AW Limburg hat sich die Erhaltung akkumulatorengetriebener Fahrzeuge zur Aufgabe gemacht. Im Hintergrund ein ehemaliger Schürzenwagen, der zuletzt als Mannschaftswagen auf der Moselstrecke eingesetzt war. Aufnahme Januar 1982.

Die ältere Standseilbahn in Bad Ems ist die mit Wasser getriebene Bahn auf den Hohen Malberg, oberhalb der Bahnlinie auf dem linken Ufer der Lahn gelegen. Sie wurde 1980 stillgelegt, steht aber unter Denkmalschutz. Foto 25. März 1981.

Limburg
Über die Bundesstraße 49a sind wir bald in Limburg. Im Schuppen 2 des dortigen Bahnbetriebswerks stand die Nr. 16, eine 1000-mm-Schmalspur-C-n2t-Dampflokomotive der ehemaligen Nassauischen Kleinbahnen, gebaut 1899 von Henschel. Ab Juni 1981 befindet sie sich in Nastätten. Wir wollen aber die letzten Akkutriebwagen ETA 176 (Baureihe 517), die Limburger Zigarren, besichtigen, die hier nebst Steuerwagen stationiert sind. Natürlich melden wir uns bei der Lokleitung und bitten um Genehmigung. Im Januar 1982 war auf dem Bahngelände Limburg gegenüber dem Bw der alte Cochemer Tunnelwagen abgestellt. Im AW Limburg wird die Akkulok Ks 4071 denkmalsmäßig aufgearbeitet, um sie dort aufzustellen.

Balduinstein
Auf der Strecke Limburg — Koblenz liegt Balduinstein (Kursbuch 540). Hierzu müssen wir von Limburg aus über die Bundesstraße in Richtung Südwesten fahren. Die Strecke durchquert hier eine besonders reizvolle Landschaft. Von Interesse ist hier neben dem Blick auf den Bahnhof die Eisenbahnbrücke über die Lahn, über die auch die Akkutriebwagen verkehrten. Nach unserer Ansicht zählt die Strecke Limburg — Koblenz zu den reizvollsten Strecken der Deutschen Bundesbahn mit zahlreichen Brücken und Tunnels.

Bad Ems
An dieser Strecke liegt auch Bad Ems, bereits zu Rheinland-Pfalz zählend. Hier finden wir zwei Standseilbahnen, die alte wassergetriebene auf dem Hohen Malberg, oberhalb der Eisenbahn, die moderne zur Bismarckhöhe auf der gegenüberliegenden Seite — über die Lahn. Die alte Standseilbahn zum Hohen Malberg ist seit 1980 stillgelegt und steht unter Denkmalschutz. Nicht entgehen lassen sollte man sich

die Besichtigung des Bahnhofs Bad Ems mit seiner für Badeorte damals typischen Bahnsteigüberdachung.

Gießen

Um auf unsere alte Nordsüdroute zu gelangen, müssen wir nun die Strecke wieder zurück nach Gießen. Von Interesse ist das 1903—1906 im romanischen Stil errichtete Bahnhofsgebäude. Erster Bahnhof in Gießen war der nach Fertigstellung der Main-Weser-Bahn entstandene am Oswaldgarten, gebaut um 1850. Doch bereits vier Jahre später wurde dieser Bahnhof auf den Seltersberg verlegt, wo auch der heutige Bahnhof gelegen ist. Das frühere Gebäude bestand aus zwei durch Zwischenstücke miteinander verbundenen Häusern, von denen das südliche noch heute als Rest erhalten ist. Der mittlere Teil stand etwa an der Stelle der heutigen Empfangshalle — der nördliche mußte zwischen 1907 und 1909 einem Neubau weichen. Nach Plänen des Baurats Hofmann (Herborn) wurde ab 1903 das neue Bahnhofsgebäude im romanischen Stil in rotem Sandstein errichtet. Am 5. Oktober 1906 konnte der größte Teil des (dritten) Gießener Bahnhofs nach einer Bauzeit von mehr als zwei Jahren übergeben werden. Der Komplex umfaßte die 36 Meter lange Empfangshalle mit einem Kuppelbau als Haupteingang, einen etwa 30 Meter hohen Uhrenturm sowie die Wartesäle erster und zweiter Klasse und den Speisesaal. Wo etwa der nördliche Teil der alten Gebäude stand, errichtete man nach 1908 einen dreistöckigen Neubau mit Fürstenempfangsräumen und Wohnung für den Bahnhofsvorsteher. Das Sperrhäuschen an der oberhessischen Seite war Anfang Oktober 1906 im Rohbau fertig und erhielt einen überdachten Verbindungsgang zur Halle.

Das Gebäude mit Bildhauerornamenten wie Flügelrad, Tierfiguren als Wasserspeier und Blätterkapitellen blieb im Zweiten Weltkrieg glücklicherweise fast unversehrt. Abgesehen von notwendigen inneren und äußeren Umbauten und einer neuzeitlichen Erweiterung am Nordende hat sich das Aussehen des Gießener Bahnhofs kaum verändert.

Gießen-Stadt

In der Gabelsberger Straße finden wir bei den Stadtwerken als Erinnerungsobjekt an die ehemalige Straßenbahn in Gießen einen KSW-Beiwagen der Stadtwerke. Der Wagen wurde 1949 von der Waggonfabrik Uerdingen gebaut und war 1949 bis 1952 in Gießen eingesetzt. In Bahnhofsnähe finden wir auf einem Schulhof eine kleine Feldbahnlokomotive, 1950/10963 gebaut von Jung.

Von Gießen aus fahren wir zum Gießener Kreuz (südl.) und über die autobahnartig ausgebaute Strecke in Richtung Butzbach, um nach Lang Göns zu gelangen. Dort finden wir in der Goethestraße und im Lochermühlweg je eine B-Dieselfeldbahn-Lokomotive:

Goethestraße Gmeinder, 1937/1810;
Lochermühlweg Gmeinder, 1939/2404.

Der Zustand ist nicht gut.

Butzbach

Hier ist die Butzbach-Licher Eisenbahn (BLE) für uns wichtig. Ab BLE-Bahnhof besteht auf den verbliebenen Strecken dieser zur Hessischen Landesbahn zählenden Bahn noch Güterverkehr zwischen Butzbach Ost und Trais-Münzenberg über Griedel sowie auf dem Restabschnitt zum Bahnanschluß der Kaserne Pohlgöns, der ehemaligen Strecke nach Oberkleen, und während der Rübenkampagne zwischen Griedel und Bad Nauheim Nord. Die Betriebsleitung und das Bw sind in Butzbach Ost. Werktäglich und teilweise auch an Samstagen ist eine der zwei Diesel-loks im Rangiereinsatz für die Bundesbahn auf dem Bahnhof Butzbach-DB.

Zum Fahrzeugbestand zählen:

V 116, D-gekuppelte dieselhydraulische Lokomotive, 1962/29802, Henschel, ex Kleinbahn Kassel-Naumburg;

Der Bahnhof Gießen, errichtet nach Plänen von Baurat Hofmann aus Herborn in romanischem Stil, entstand zwischen 1903 und 1906. Der Hauptteil wurde am 5. Oktober 1906 dem Verkehr übergeben. Hier ein Blick auf das Hauptportal mit Rundkuppel und den etwa 30 m hohen Uhrenturm. Foto Juli 1979.

Diesellok V 116 der BLE, Butzbacher-Licher Eisenbahn, auf der Rückfahrt von der Waggonübergabe auf dem DB-Bahnhof Butzbach nach Butzbach-Ost beim Unterqueren der Main-Weser-Bahn. September 1979. Die V 116 wurde im Jahre 1978 von der Kleinbahn Kassel – Naumburg übernommen, hier noch in der orangen Lackierung mit blauem Streifen; ab Juni 1980 rote Farbgebung. Die Lok wurde 1962 unter der Fabrik-Nr. 29802 von Henschel geliefert (72 t, 1100 PS).

V 126, D-gekuppelte dieselhydraulische Lokomotive, 1962/30332, Henschel, ex Kleinbahn Kassel-Naumburg.

Als Niederbordwagen dient der ehemalige Packwagen der BLE, ex Marburger Kreisbahn. Jeweils zum Steinfurther Rosenfest (an einem Sonntag im Juli jedes zweite Jahr, somit wieder 1984, 1986) findet zwischen Bad Nauheim und Steinfurth ein lebhafter Personen-Pendelverkehr statt mit Fahrzeugen der Eisenbahnfreunde Wetterau.

Ein Griff in die Geschichte der Butzbach-Licher Eisenbahn: Um die Jahrhundertwende bestanden in Oberhessen die Main-Weser-Bahn (Frankfurt — Gießen — Kassel), die Strecke Gießen — Grünberg — Lauterbach und die Verbindung Gießen — Hungen — Nidda. Um den Mangel an verkehrsmäßiger Erschließung zu beheben, wurden schon um 1895 Stimmen laut, die den Bau einer Schmalspurbahn von Butzbach nach Lich forderten. Da die Licher Stadtväter die für die Vorarbeiten erforderlichen 200 Mark nicht bewilligten, kam es nicht zum Bau. Doch die Befürworter ließen nicht locker, und so konnte am 14. April 1902 die Butzbach-Licher Eisenbahn AG gegründet werden. Nach Erhalt der Genehmigung wurde die bekannte Firma Lenz & Co mit dem Bau einer normalspurigen Strecke von Butzbach nach Lich beauftragt.

Die Arbeiten schritten rasch voran. Am 28. März 1904 wurde die Strecke Butzbach-West — Lich-Süd dem Verkehr übergeben. Es folgten

15. 7. 1909	Lich-Süd — Grünberg Süd	19,0 km
2. 4. 1910	Griedel — Bad Nauheim-N.	11,0 km
13. 5. 1910	Butzbach-Ost — Oberkleen	7,9 km
Strecke Butzbach — Lich		19,1 km

So hatte die Butzbach-Licher Eisenbahn 57,0 Strecken-Kilometer. Ursprünglich war die Strecke Butzbach-Ost — Oberkleen nur bis Ebersgöns geplant, wurde aber wegen der Kalksteinbrüche in Oberkleen bis dort erweitert. Nun war es möglich, die Erzeugnisse der Wetterau preisgünstig zu transportieren. Befördert wurden Rockenberger und Gambacher Sand, Ebersgönser und Oberkleener Kalkstein, Steinfurther Rosen, Licher Bier und natürlich die Zuckerrüben und andere landwirtschaftliche Erzeugnisse, Düngemittel und Brennstoffe.

Schon in den ersten Betriebsjahren stellte man fest, daß die Trassierung der Stammstrecke Nachteile insbesondere für den Personenverkehr brachte. Man hatte versucht, möglichst viele Orte anzuschließen und die Strecke oft zwischen zwei Orten entlanggeführt. Beispiele waren die Orte Oberhörgern-Eberstadt, Hof- und Dorf-Güll. Außerdem war die Fahrplangestaltung mit vier Staatsbahnanschlüssen recht schwierig. Dadurch kam die Bahn bald in eine schwierige Lage, und man überlegte sogar im Jahre 1933, eine Teilstrecke stillzulegen. Züge wurden durch Busse ersetzt, und die an der Bahnlinie liegenden Gemeinden gewährten Zuschüsse. Die Situation besserte sich erst, als in der Mitte der dreißiger Jahre Anschlußgleise von Ettingshausen und Pohlgöns zu den seinerzeitigen Militäranlagen gebaut wurden. Die Anschlußgleise gehörten der Wehrmacht. Das Anschlußgleis ab Ettingshausen wurde 1945 stillgelegt und 1946 wieder abgebaut. Der während des Krieges stark angestiegene Güterverkehr sank nach 1945 auf ein Minimum. Der Betrieb der Bahn stieg nur langsam, an eine Rentabilität war somit nicht mehr zu denken.

Mit Wirkung vom 1. Oktober 1949 wurde der Reisezugverkehr zwischen Butzbach-Ost und Oberkleen stark eingeschränkt. Seit 1956 verkehrten auf dieser Strecke nur noch Güterzüge. Bis auf einen Rest von 1,85 km zum Abstellen der Panzerzüge vom Anschluß Pohlgöns ist das Gleis inzwischen abgebaut. Der Verkehr auf dem Abschnitt Butzbach — Lich war in den fünfziger Jahren durchaus noch interessant, jedoch war für den überalterten Gleisbau zur Erneuerung kein Geld vorhanden.

Um 1950 stellten die Basaltbrüche an der Grünberger Strecke ihren Betrieb ein, und so wurden am 4. Oktober 1953 der Gesamtbetrieb auf der

Strecke Lich — Grünberg eingestellt und bald auch die Gleise abgebaut.
1954 entgleiste die Lok 141 im Arnsburger Wald mit allen Achsen und stürzte um. Der Personenverkehr zwischen Butzbach und Lich wurde 1961 auf Busse umgestellt. Bald wurde der Güterzugverkehr auf dieser Strecke bis Dorf-Güll zurückgenommen. Die Frachten des Gutes waren eine wichtige Einnahmequelle. Schließlich wurde der Streckenabschnitt bis Trais-Münzenberg etappenweise saniert. 1975 wurde die Reststrecke aufgegeben, Trais-Münzenberg wurde damit Endstation.
Die Strecke Butzbach — Bad Nauheim hatte schon ab 1961 keinen Sonntags-Personenverkehr. Ab 27. Mai 1971 wurde die Zugfolge erneut eingeschränkt. Am 31. Mai 1975 verkehrte der mit so viel Hoffnungen 1952 gekaufte VT 65-Triebwagen zum letzten Mal — der Personenverkehr wurde eingestellt.
Am 10. November 1971 verabschiedete sich mit einer Sonderfahrt die letzte Dampflok der BLE, die Nr. 204, gebaut 1926 von Krauss. Die BLE-Lok 146 überlebte allen Wirren zum Trotz. Sie zählt heute zum Bestand der DGEG und ist in Bochum-Dahlhausen beheimatet. Die Butzbach-Licher Eisenbahn gehört seit 1966 zur Hessischen Landesbahn, zu der auch die Kleinbahnen Frankfurt — Königstein und die Kassel — Naumburg zählen. Die Besitzanteile der Hessischen Landesbahn GmbH sind in der Hand des Landes Hessen. Im Bestand der BLE stehen heute zwei Diesellokomotiven, die auf 12 Bahnhöfen und 7 Gleisanschlüssen Wagen zur Beladung bereitstellen und wieder abholen. Mit der Deutschen Bundesbahn besteht ein Verbundrangieren auf dem Bahnhof Butzbach (DB), die BLE stellt die Lokomotiven und anteilmäßig das Lok- und Rangierpersonal. Eine weitere Einnahmequelle ist der Transport von Panzerzügen vom Anschlußgleis Pohlgöns bis zum DB-Anschluß Butzbach oder sogar bis nach Bad Nauheim über die DB-Strecke. Telefon der BLE: (0 60 33) 61 55.

In der eisenbahntechnischen Sammlung der Eisenbahnfreunde Wetterau, Bad Nauheim, finden wir dieses Läutewerk, das einst Züge der Höllentalbahn ankündigte. Foto Oktober 1982.

Eisenbahnfreunde Wetterau (Bad Nauheim)
Auf dem Gelände der BLE befindet sich im Aufbau das kleine Eisenbahnmuseum der EFW mit einer eisenbahntechnischen Sammlung, wie z. B. Wasserkran, Signale, Zuganzeiger, Stellwerke, Läutewerk, Bahnschranken und dergleichen.
Die Eisenbahnfreunde Wetterau veranstalten an bestimmten Tagen (siehe Kursbuch 514) Museums-Sonderfahrten zwischen Bad Nauheim-Nord — Griedel — Butzbach-Ost — Griedel

Der Museumszug der Eisenbahnfreunde Wetterau Bad Nauheim, hier in Griedel am 20. September 1980 mit Lok BLE V 116 als Zugpferd. Die Fahrzeuge sind detailgenau im Stile der zwanziger Jahre äußerlich aufgearbeitet. September 1980.

Elektrische Lokomotive der Baureihe 112 auf dem 1850 vollendeten Rosentalviadukt, im Volksmund „24 Hallen“ genannt. Der aus Sandsteinquadern gebaute Viadukt bei Friedberg/Hessen hat eine Länge von 207 m und eine max. Höhe von 15 m. Ab 1981 entstand hier eine neue Brücke, deren Pfeiler rechts zu sehen sind. Foto Januar 1982.

und Münzenberg mit Oldtimer-Busanschluß zur Münzenburg. Zum Fahrzeugbestand des Museumszuges zählten im Jahre 1982 ein Pwi-30 Hannover 114 743 mit eingebauter Bar, ein BCi-29 Kassel 27 291, ein Bi-29 Halle 27 342 und ein Cid-24 Frankfurt 98 045. Der Cid-21 Frankfurt 80 843 war noch nicht fertig. Für den Transport von Fahrrädern im Ausflugsverkehr dient der Gh 1854, ein geschlossener Güterwagen mit offener Bremserbühne ex Marinearsenal Wilhelmshaven, ex Vorortbahn Wilhelmshaven, nunmehr äußerlich als Licher Bierwagen.

Die Fahrzeugsammlung umfaßt weitere Fahrzeuge:

B-n2t-Lok 98 111 „Wiebke" ex Hornitex Nidda, Humboldt 1910/661;

Kranwagen mit klappbarem Ausleger, gebaut 1913 von MAN;

Güterwagen Bauart G 198, gebaut 1921 Koprivnick vozovka;

Bauzugwagen;

Plattenwagen;

Bahnmeister-Draisine Klv 12, gebaut 1960, Schmitt, Frankfurt;

Leichte Draisine, gebaut 1948, Beilhack, Rosenheim, ex BLE, Butzbach-Licher Eisenbahn, ex KL2 KSE, Kleinbahn Kiel-Segeberg;

Einheits-Kleinlokomotive Kö I, gebaut 1934/270 von der Rheiner Maschinenfabrik Windhoff AG, ex Raiffeisen Kraftfutterwerk Würzburg.

Die Triebfahrzeuge werden von der Jugendgruppe erhalten. Auskünfte per Anschrift: Bismarckstraße 18, 6360 Friedberg, Telefon (0 60 31) 1 46 32 oder (0 60 34) 21 40. Besichtigungszeiten jeweils samstags 11—17 Uhr. Über die Bundesstraße fahren wir nach Friedberg.

Friedberg, Rosental-Viadukt

Unterhalb der Friedberger Burg sehen wir in östlicher Richtung als erstes interessantes Objekt den Rosental-Viadukt, das größte Brückenbauwerk der Main-Weser-Bahn. Das 1850 vollendete Brückenbauwerk, im Volksmund „die 24 Hallen" genannt, mit einer Länge von 207 m, wurde im Jahre 1980/1982 durch eine moderne Brücke ersetzt. Ob die alte Brücke für den späteren S-Bahnverkehr bis Bad Nauheim einmal dienen wird, war 1982 nicht bekannt. Der Landesdenkmalpfleger und die Bevölkerung würden es sehr begrüßen, wenn die neue Brücke hinter dem alten schönen Bauwerk versteckt bleibt. Die Bauleitung hatte Ing. Hochgesand.

Friedberg, Alter Bahnhof von 1850

In Friedberg war noch bis Anfang 1983 der 1913 aufgelassene alte Bahnhof der Main-Weser-Bahn zu sehen, südwestlich des Rosental-Viaduktes.

Friedberg-Fauerbach

Weiter südöstlich des Rosental-Viaduktes finden wir im Ortsteil Fauerbach bei der Baustoff- und Kohlenhandlung Schwarz & Ulrich eine ehemalige KöI, gebaut 1934 unter der Fabrik-Nr. 4290 von der Maschinenfabrik Esslingen. Sie steht zum Verkauf.

Friedberg, Aktienzuckerfabrik Wetterau

Oberhalb der großen Unterführung bei der Güterabfertigung im Südosten des Bahnhofs Friedberg waren während der Rübenkampagne zwei Diesellokomotiven der Aktienzuckerfabrik im Einsatz. Ob der Eisenbahnfreund sie heute noch findet, ist ungewiß — die Zuckerfabrik hat ihren Betrieb ab 1982 eingestellt. Eine zentrale Rübenverladestelle zum Versand nach Groß-Gerau ist geplant. Daten der Diesellok: ex V 36, gebaut 1942/11458 Berliner Maschinenfabrik; eine weitere Diesellok, Achsfolge B, 1956/56411 Deutz.

Wölfersheim-Södel

Von Friedberg aus fahren wir über Dorheim nach Wölfersheim-Södel. Hier unterhält die Preußische Elektrizitäts-AG in 900-mm-Spur eine elektrische Grubenbahn. Die Gleislänge

Das alte Bahnhofsgebäude in Friedberg/Hessen, gebaut um 1850, stand schon seit 1913 nicht mehr im Dienst des Bahnverkehrs. Zustand im März 1979 – Anfang 1983 mußte es Parkplätzen weichen.

Grubenlok-Vorspanndienste: Diesellok 8, Achsfolge B, gebaut 1957 von Krupp Lokomotivbau AG, Spurweite 900 mm, Fabrik-Nr. 3818, im Februar 1979 auf dem Werksgelände von Wölfersheim.

Diese kleine Lok war zuerst bei Emscher-Lippe Bergbau in Datteln eingesetzt: In Oberwiddersheim bei Nidda versieht sie als B-gekuppelte Werkslok den Rangierdienst der Basaltwerke Nickel. Die Maschine wurde im Jahre 1965 unter der Fabrik-Nr. 57860 gebaut. Eine weitere Lok, gebaut von Deutz 1936/15350, stand abgestellt auf dem Werksgelände. Foto September 1981.

zwischen dem Kraftwerk Wölfersheim und den Braunkohle-Tagebauen in Heuchelheim und Utphe sowie dem Asche-Ablagerungsgebiet beträgt rund 18 Kilometer. Es existieren drei Bauarten von Selbstentladewagen. An Triebfahrzeugen sind eingesetzt: vier Elloks, Krupp/AEG, der Baujahre 1954 bis 1962 mit einem Leergewicht von 30 Tonnen und einer Leistung von 490 PS (360 kW) und drei Elloks von Henschel/SSW, Baujahr 1924, mit einem Leergewicht von 24 Tonnen und einer Leistung von 234 PS (172 kW), ferner eine B-Diesellok von Krupp mit einem Leergewicht von 24 Tonnen und einer Leistung von 200 PS (147 kW), gebaut 1957/3818. Die Braunkohlenvorräte sind nahezu erschöpft.

Ober-Widdersheim bei Nidda

Etwas weiter nordöstlich von Wölfersheim liegt Ober-Widdersheim. Hier finden wir bei der Johannes Nickel GmbH & Co KG eine B-Diesellok, gebaut von Deutz im Jahre 1965, Fabrik-Nr. 57860, ex Emscher-Lippe Bergbau, Datteln, und abgestellt eine weitere Diesellok, gebaut von Deutz 1936/15350, ex RAG Nr. 603.

Nidda

Die zuletzt als Denkmal bei den Hornitexwerken aufgestellte Werkslok Nr. 3 (old. T 2 mit großem Dom, 1910/661 Humboldt) finden wir nunmehr bei den Eisenbahnfreunden Wetterau

Die ehemalige Hornitex-Lok in Nidda vor ihrer Überführung nach Bad Nauheim (Eisenbahnfreunde Wetterau). Foto Juli 1982.

auf dem Museumsgelände in Bad Nauheim. Über die Bundessstraße 457 und 275 gelangen wir in südlicher Richtung nach

Ortenberg-Eckartsborn

Hier steht an der Bundesstraße 275 eine der letzten Diesel-Kleinlokomotiven KöI, gebaut 1934/36 von der Rheiner Maschinenfabrik Windhoff. Die Maschine arbeitet dort für einen Steinbruch. Ex Kö 0116.

Über Selters und Stockheim (zu sehen dort alte preußische Stellwerke und ein Rangiertraktor — 1936/6975, Jung, gebaut auf der Basis des schmalspurigen Typs EL 110 — in Diensten der Raiffeisen-Genossenschaft) fahren wir weiter über Bönstadt nach Niddatal, Ortsteil Assenheim.

Niddatal-Assenheim

An der Strecke 521 Friedberg — Hanau liegt Assenheim. An der Straße zum Ortsteil Bönstadt überspannt die 300 m lange Niddatalbrücke den Fluß und das Tal. Werktags ist auf dieser Strecke ein relativ dichter Zugverkehr (Höhe 23 m).

Bruchköbel bei Hanau

Den Weg über Bruchköbel können wir uns auch ersparen. Die auf einem Kinderspielplatz dort aufgestellte Köf II ist durchaus nicht fotogen. Wir fahren deshalb weiter über Nieder- und Oberwöllstadt und Rosbach zur Autobahn E 4, Abfahrt Friedberg. Unter der Autobahnbrücke hindurch in Richtung Köppern, vor Köppern rechts ab, nun in Richtung Saalburg und Hessenpark, dort finden wir den kleinen Bahnhof Saalburg.

Eine der letzten Einheits-Kleinlokomotiven der Baureihe 311 (Kö) finden wir in Ortenberg-Eckartsborn an der B 275. Die Kleinlok wurde gebaut von der Firma Windhoff (Rheiner Maschinenfabrik) und ist noch heute in einem Steinbruch tätig. Foto 1979.

Zwei schöne alte preußische Stellwerksgebäude finden wir noch auf dem Bahnhofsgelände des Knotenpunktes Stockheim (Vogelsberg), einem Bahnhof, der einmal lebhaftere Zeiten sah. Foto September 1981.

Links oben: In Stockheim bedient sich die BHG eines Rangiertraktors, Leistung 11 PS, gebaut 1936/6975 von Jung. Foto November 1982.

Links: In km 6,17–6,47 der Strecke Friedberg – Hanau überspannt ein Viadukt das Tal und den Fluß Nidda bei Assenheim mit einer Länge von 300,36 m und einer Höhe von 23 m. Auf dem Viadukt eine dreiteilige Schienenbus-Einheit der Baureihe VT 98 und eine Wendezugeinheit. Bild vom 20. Juli 1982.

Oben: In der Nähe der Autobahnausfahrt Friedberg, über die B 455 nach Bad Homburg und noch vor Köppern rechts ab in Richtung Saalburg und Hessenpark, finden wir den kleinen Bf. Saalburg (Strecke Kursb-Nr. 545, Wetzlar – Usingen – Friedrichsdorf) und die Taunus-Quarzitwerke. Dort ist ebenfalls eine Kleinlok Kö (ex 311 260) im Einsatz. Aufnahme Juli 1982.

Saalburg Bf.

Wir finden diesen Bahnhof an der Kursbuchstrecke 545, Wetzlar — Usingen — Friedrichsdorf, von dem ein Anschluß abzweigt, im Besitz der Taunus-Quarzitwerke. Hier ist eine weitere Kö I, gebaut von Gmeinder im Jahre 1936 unter der Fabrik-Nr. 1621, noch im Einsatz. Vormals trug sie die Betriebs-Nr. 311 260 aus der Reichsbahn-Serie 0185-0289, der verstärkten Bauart, die mit 105 Exemplaren zwischen 1935 und 1938 in Dienst gestellt wurde. Eine bei den Taunus-Quarzitwerken ursprünglich weitere vorhandene Lok war die ex 311 212, sie wurde kürzlich verschrottet. Hier verbrachte auch die Kö 0127 von 1964 bis 1971 ihre letzten Jahre. Sie ist schon längst nicht mehr vorhanden. Die Werksbahn war ursprünglich elektrifiziert. Ein noch vorhandener Mast beim Schotterwerk erinnert an diese Zeit, in der auch eine elektrische Feldbahn betrieben wurde.

0088

Links oben: Bis 1982 gab es auf der Taunusbahn noch Güterverkehr, der mit der 2018 (ex V 36) und der hier abgebildeten 2020 durchgeführt wurde, einer ehemaligen Akkulok, gebaut von Maffei/Schwartzkopff 1926/1889 (ex Frankfurter Hafenbahn). Das Fahrzeug stand 1982 noch im Depot Bommersheim bei Oberursel und wird demnächst zum Bestand des Straßenbahnmuseums in Frankfurt-Schwanheim zählen. Aufnahme Juli 1979.

Links: In einer Bauzeit von zwei Jahren bastelte Hans Spahr die Tenderlok 99 211 im Maßstab 1 : 7. Kesseldruck 8 bar, Gewicht 120 kg. Die Lok entstand aus einem Bausatz der Firma Zimmermann. Das Vorbild dieser 100-mm-Schmalspurlok war bis 1958 auf Wangerooge im Einsatz, das Modell lief am 18. April 1980 in Oberursel.

Oben: Eine seltene Ausführung der Maschinenbaugesellschaft Heilbronn ist diese 700-mm-spurige B-n2t-Werkslokomotive der Firma Ph. Holzmann, die zusammen mit zwei Plattenwagen in Eschborn am Abenteuer-Spielplatz auf den Oberwiesen hinter der Gesamtschule aufgestellt ist. Interessant sind die innerhalb des Rahmens angeordneten Antriebsräder. Leider ist das Lokomotivchen grell bemalt. Die Aufnahme entstand im Januar 1979. Eine ähnliche Maschine ist in Besigheim zwischen Heilbronn und Ludwigsburg zu finden.

Oberursel

Über die B 455 finden wir den Weg über Bad Homburg nach Oberursel, Hainstraße, am Ende der Autobahn A 661.

Wer sich für Miniatur-Dampflokomotiven interessiert, kann in Oberursel jeden 2. Sonntag in den Monaten April bis Oktober zwischen 10 und 17 Uhr Modelle im Maßstab 1 : 7, 8, 10 oder 11 in Aktion sehen. Die Mitglieder des „Dampfbahnclub Taunus e. V." haben in den letzten Jahren zehn Fahrzeuge fertiggestellt, acht weitere sind im Bau. Abgewickelt wird der Verkehr über ein 220 m langes Streckennetz

(5 Bahnhofsgleise, 3 Abstellgleise, Drehscheibe). Einen Dampfbetrieb in dieser Größenordnung finden wir derzeit nur noch in Öhringen. Auskünfte vom Dampfbahnclub Taunus e. V., Hainstraße 2, 6370 Oberursel, Telefon (0 61 71) 5 41 26.

Eschborn

Entlang der 1982 letztmals mit Güterzügen befahrenen und nun von U-Bahnen benutzten Überlandstrecke der Taunusbahn, vor der Autobahnbrücke nach Süden abbiegend, kommen wir über Weißkirchen nach Eschborn. Hier steht auf dem Abenteuer-Spielplatz auf den Oberwiesen hinter der Gesamtschule eine seltene 700-mm-B-n2t-Feldbahnlokomotive der Maschinenbaugesellschaft Heilbronn. Bei dieser kleinen Lokomotive liegen die Räder innerhalb des Rahmens. Baujahr 1896, Fabrik-Nr. 328, zuvor Holzmann AG.

Kronberg, Opel-Zoo

Von hier ist es nicht weit zum Opel-Zoo, gelegen zwischen Kronberg und Königstein. Dort steht auf dem Kinderspielplatz eine 700-mm-B-n2t-Feldbahnlokomotive der Firma Ph. Holzmann. Die Lok wurde im Jahre 1940 unter der Fabrik-Nr. 25180 von Henschel in Kassel als Typ „Fulda“ gebaut.

Königstein, Bahnhof

Vom Opel-Zoo fahren wir zum Bahnhof Königstein der Kleinbahn AG Frankfurt — Königstein. Dort sind seit der Einstellung des Dampfbetriebs am 9. April 1959 Dieseltriebwagen VT 100 und Steuerwagen VS 200 der Maschinenfabrik Esslingen im Einsatz. Die Strecke ist auch die Heimat der in Hattersheim aufgestellten Denkmalslok FK 44 und der in Darmstadt befindlichen FK 262 (vormals Nr. 7). 1979 und 1980 fand auf dieser Strecke Dampfbetrieb der Museumsbahn Darmstadt statt, nunmehr wird Museumsbetrieb auf dieser Strecke ausschließlich von der Historischen Eisenbahn Frankfurt e. V. veranstaltet. Die FK soll demnächst dem Frankfurter Verkehrsverbund angeschlossen werden. Ihre Strecke von Höchst nach Königstein ist 15,95 km lang. Sie wurde am 24. Februar 1901 eröffnet.

Der Höhenunterschied zwischen Höchst (104,13 m) und Königstein (339,62 m) ist 235 m, größte Neigung (5 km lang) ist 1 : 40. Durchgehende Züge der DB laufen nach und von Frankfurt. Die Bahn war eine der wenigen Privatbahnen, die zur Zeit des 4-Klassensystems die 1., 2. und 3. Wagenklasse führten. Die 1. Klasse wurde überwiegend von wohlhabenden Frankfurter Bank- und Geschäftsleuten benutzt, die in Königstein wohnten und täglich nach Frankfurt und zurück fuhren (Bankierzug). Die Zeitverhältnisse haben sich so geändert, daß heute nur noch eine Wagenklasse (2. Kl.) geführt wird. Telefon der FK-Bahn: (0 61 74) 2 14 73.

Schwalbach/Taunus, Limesstadt

Von Königstein fahren wir in das nahegelegene Schwalbach/Ts. Dort finden wir, etwas versteckt an der Verbindungsstraße zwischen Kronberg und Bad Soden, auf einer Grünfläche am Waldrand die älteste Denkmalslok Hessens, eine

Rechts oben: Eine weitere 700-mm-B-Werkslokomotive, die in Diensten der Firma Ph. Holzmann stand, befindet sich in Kronberg im Opel-Zoo auf dem Kinderspielplatz. Der Zustand am 4. Februar 1979 war nicht ganz befriedigend, doch die Firma Opel wird sicherlich inzwischen für neuen Glanz gesorgt haben. Es wäre schade, wenn diese hübsche kleine Lokomotive nicht gepflegt würde. Daten: Henschel 1940/25180, Typ Fulda, Länge ü. K. 5000 mm, Leistung 90 PS, Höchstgeschwindigkeit 20 km/h, ex Ziegelei Gehspitz.

Rechts: Dieseltriebwagen VT 103 und Steuerwagen VS 202 der Kleinbahn AG Königstein – Frankfurt/M., hier auf dem Bahnhof in Königstein (Taunus). Länge über Puffer: 25 030 mm, Achsstand: 17 300 mm, 123 Plätze, Gewicht VT 103: 44 t, VS 202: 31 t. Aufnahme Februar 1979.

OPELZOO

KÖNIGSTEIN (TAUNUS)

C n2t der Gattung pr T 3, vorgesehen als 89 7005, ex KPEV Elberfeld 6189, zuletzt Geräte-Nr. 004 des AW Siegen, gebaut 1882 unter der Fabrik-Nr. 1594 von Henschel in Kassel. Sie steht hier seit 1972.

Hattersheim

Wir fahren weiter in Richtung Höchst, vorbei am Main-Taunus-Einkaufszentrum, über die Schnellstraße in Richtung Wiesbaden bis nach Hattersheim. Dort steht am Südring auf einem Spielplatz eine preußische T 9^1, die FK 44 der Kleinbahn AG Frankfurt — Königstein, gebaut im Jahre 1913 von Henschel in Kassel unter der Fabrik-Nr. 12478.

Bedingt durch die Anschaffung von Dieseltriebwagen VT 100 im Jahre 1959 wurden von der Kleinbahn AG zuerst die drei ältesten Lokomotiven T 9^1 aus dem Jahre 1901 verschrottet. Es handelte sich um die FK 41 und 42 von Borsig sowie die FK 43 von Henschel. Die jüngste dieser Baureihe, die FK 44, blieb von der Verschrottung verschont, sie wurde in Hattersheim aufgestellt. Doch erst zehn Jahre später, am 17. August 1969, zog letztmalig fahrplanmäßig in Dampftraktion die FK 262 (ex No. 7) den im Volksmund liebevoll als „Knochenmühle" bezeichneten Zug. Es war die erst 1954 von Henschel gebaute 1D1h2t-Lokomotive FK 262, heute bei der Museumsbahn in Darmstadt-Kranichstein. Sie gehört der Eurovapor. Doch zurück zu unserer Denkmalslok in Hattersheim. Die FK 44, vormals FK 4, wurde im Jahre 1913 unter der Fabrik-Nr. 12 478 gebaut. Sie war ausschließlich in Königstein beheimatet. Ihre Aufgabe bestand in der Traktion von Güter- und Personenzügen. Ihre letzte Hauptuntersuchung erhielt sie am 13. November 1957, und sie blieb bis zum Jahre 1963 im Einsatz. Nach fünfzig Betriebsjahren und einer Laufleistung von rund 500 000 km wurde sie am 19. März 1963 von der Ausbesserung zurückgestellt und noch im gleichen Jahr ausgemustert. Im Jahre 1964 erwarb die Stadt Hattersheim die FK 44 und stellte sie auf dem Kinderspielplatz auf. Die zwanzig Jahre sind an der Lok nicht spurlos vorübergegangen, ihr Zustand läßt sehr zu wünschen übrig, viele Anbauteile sind demontiert oder beschädigt, weshalb sich die Stadt von ihr trennen möchte. Möglicherweise wird sie nach Sinsheim ins Auto + Technik-Museum abgegeben. Die Bahnen der Hoechst AG dürfen nicht fotografiert werden; wir lassen sie hier aus.

Wiesbaden

Wieder über die Schnellstraße kommen wir nach Wiesbaden. Die zuletzt auf dem Parkplatz des Grossomarkts als Denkmal vorhandene Lok 98 7658, eine bay DVII-C-n2t-Lokalbahnlokomotive, Krauss, München 1892/2562 hat inzwischen ihren Weg in ihre alte Heimat gefunden und zählt nunmehr zum Bestand des „Bayerischen Localbahn-Vereins", Tegernsee, und ist derzeit in Bayer. Eisenstein abgestellt. Sie soll betriebsfähig wieder aufgearbeitet werden. Der Erhaltungszustand läßt dies auch ohne besondere Probleme zu.

Wiesbaden-Biebrich

Bei den Dyckerhoff-Zementwerken in Biebrich verkehrte eine elektrische Bahn zwischen dem Kalksteinbruch und dem Werk. Im Bestand waren sieben Elektroloks, eine Diesellok sowie ein Zweiwege-Unimog. Die Bahn hatte eine Spurweite von 1000 mm und ist seit Januar 1982 stillgelegt. Wer die Fahrzeuge einmal übernimmt, war vor Redaktionsschluß nicht feststellbar.

Wiesbaden, Bundesbahn-Betriebswerk

Im Bw werden die nicht betriebsfähige zweite Nachbildung des „Adler" (1 A 1), ursprünglich gebaut von der Lokomotivfabrik Robt. Stephenson and Compy., Engineers, Newcastle upon Tyne, mit der Fabrik-Nr. 118 sowie drei Nachbildungen von Wagen des ersten deutschen Eisenbahnzuges erhalten. Der Zug kann leider

Die Lokomotive 89 7005 steht als Denkmal in Schwalbach/T.-Limesstadt, auf dem Waldspielplatz im Bereich der Schlesienstraße. Die preußische T 3 zählte zu den beliebtesten Güterzuglokomotiven, da sie vielfältig einsetzbar war. Allein die Preußische Staatsbahn beschaffte zwischen 1881–1910 insgesamt 1345 Exemplare, weit über 100 Stück gingen an andere Bahnverwaltungen. Baureihe 89^{70-75}, Bauart C n2t, Treib- und Kuppelräder von 1100 mm Länge ü. P. 8780 mm, Höchstgeschwindigkeit 40 km/h. Die 89 7005, gebaut 1882/1594 von Henschel, kam als „Elberfeld 6189" in den Bestand der Preußischen Staatsbahn. Später trug sie die Bezeichnung Cöln 1770, dann zuletzt die Geräte-Nr. 004 des AW Siegen. Foto Frühjahr 1979.

Trotz ihres recht desolaten Zustandes wirkt die preußische T 9^1, Bauart C1′n2, aus der Ferne noch recht ansprechend. Diese langgestreckte Lokomotive dampfte vormals auf der Kleinbahn Frankfurt/M. – Königstein. Hier steht sie in winterlicher Abendsonne am 6. Januar 1979 in Hattersheim auf dem Kinderspielplatz am Südring. Die Loks der Gattung 90^{0-2} waren für den schweren Güterzugdienst vorgesehen.

nur zu besonderen Anlässen besichtigt werden, wenn die DB ihn ausstellt (1985 in Nürnberg?).

Hauptbahnhof Wiesbaden

Schon im Jahre 1836 schlossen sich Komitees der Städte Frankfurt und Wiesbaden zum „Taunuseisenbahn-Komitee" zusammen. Gemeinsam wurde der Bau der Strecke von Frankfurt über Höchst, Hattersheim, Flörsheim, Hochheim und Castel nach Wiesbaden mit einer Abzweigung nach Biebrich geplant.

1837 erhielt der Ingenieur Paul Camille von Denis den Auftrag, die Taunusbahn zu bauen. Die Genehmigung zum Bau erteilten das Herzogtum Nassau, die Freie Stadt Frankfurt und das Herzogtum Hessen. Als 1838 die Versammlung des Deutschen Bundes auch zustimmte, die Bahnlinie durch die Festungswerke Castel zu bauen, erteilte Herzog Wilhelm von Nassau die Konzession für die Gesamtstrecke. Am 26. September 1839 wurde die Strecke Frankfurt — Höchst eröffnet. Es folgten am 24. November 1839 Höchst — Hattersheim, am 10. März 1840 Wiesbaden — Castel und am 13. April 1840 die Gesamtstrecke der Taunusbahn.

Dieser Tag war auch der Geburtstag des ersten Bahnhofs in Wiesbaden, des „Taunusbahnhofs". Den ersten Zug traktierte die Lokomotive „Blitz". Der Ausbau der Abzweigung bis Biebrich dauerte bis zum 3. August 1840 (Curve). Der Taunusbahnhof lag am damaligen Wiesbadener Stadtrand, wo heute die 1957 errichtete Rhein-Main-Halle steht. Das Bahnhofsgebäude, ein einstöckiges Holzhaus, wurde erst 1842 fertig. Schwierigkeiten ergaben sich durch diese Verzögerung nicht, verkehrten doch ab hier lediglich im Sommer 6 und im Winter 4 Züge pro Tag in Richtung Frankfurt. Die Gesamtfahrzeit für die damals 43 km lange Strecke nach Frankfurt betrug rund 80 Minuten. Zum Bestand der Taunusbahn zählten zu dieser Zeit 6 Lokomotiven, 87 Personenwagen und 21 Güterwagen.

Während im Jahre 1840 noch 601 000 Personen befördert wurden, waren es im Jahre 1841 bereits 769 500 Personen. Dies ist relativ hoch, wenn man berücksichtigt, daß Wiesbaden damals knapp mehr als 20 000 Einwohner hatte. Ein Großteil der Fahrgäste waren Fremde, die die damals schon berühmte Kurstadt besuchten. Am 11. August 1856 wurde mit Eröffnung der Bahnlinie in Richtung Bad Ems der zweite Wiesbadener Bahnhof eröffnet. Diese Verbindung, die die beiden Kurstädte verband, führte entlang dem rechten Rheinufer bis Oberlahnstein und ab dort die Lahn entlang bis Bad Ems. Zunächst wurde der Abschnitt bis Rüdesheim in Betrieb genommen, zwei Jahre später, am 1. Juli 1858, konnte die Gesamtstrecke bis Bad Ems befahren werden. Die Strecke wurde zunächst von einer französisch-englischen Gesellschaft betrieben, diese erbaute 1856 ihren eigenen Bahnhof in Wiesbaden, den Rheinbahnhof, direkt neben dem Taunusbahnhof. 1889 erhielt der Rheinbahnhof zusätzliche Bedeutung, da von diesem Bahnhof die Strecke nach Langenschwalbach (Bad Schwalbach) führte. Die Strecke verlief über die heutige Reisinger- und Herbertsanlage, den Kaiser-Friedrich-Ring und die Niederwaldstraße nach Dotzheim. Weiter führte sie in großen Windungen durch den Wald nach „Chausseehaus" und „Eiserne Hand" , folgte dem Lauf der Aar über Hahn-Wehen nach Bad Schwalbach. Bei einem Höhenunterschied von 312 Metern hatten die damaligen Lokomotiven eine beachtliche Leistung zu erbringen.

Später wurde diese Strecke über Zollhaus und Diez nach Limburg verlängert. Nach mehr als fünfzig Jahren wurde der Rheinbahnhof durch den neuen Zentralbahnhof abgelöst, blieb aber Verwaltungsgebäude für Eisenbahn und Zoll. 1969 mußte das stattliche Backsteingebäude einem Erweiterungsbau der Rhein-Main-Halle weichen. Nur noch ein Straßenschild „Rheinbahnstraße" erinnert an diesen schönen alten Bahnhof.

Den dritten Bahnhof erhielt Wiesbaden mit Eröffnung der Bahnlinie Wiesbaden — Niedernhausen im Jahre 1879. Sie führte durch das „Blaue Ländchen“ über Erbenheim nach Niedernhausen und hatte den Namen „Hessische Ludwigsbahn“. Mit dieser Bahn war der Anschluß an die Strecke Frankfurt — Limburg von Wiesbaden aus hergestellt. Ein neues Bahnhofsgebäude wurde nicht gebaut, vielmehr wurde die damalige „Villa Mons“, 1843 errichtet vom Bankier Kalb in unmittelbarer Nähe des Taunusbahnhofs, zum Ludwigsbahnhof umgebaut. Heute befindet sich an dieser Stelle das städtische Museum — 1906 hatte auch dieser Bahnhof durch den neuen Zentralbahnhof seine Berechtigung verloren.

Die Bevölkerung Wiesbadens war von 31 000 Einwohnern im Jahre 1868 auf 73 100 im Jahre 1895 gestiegen. Das Gedränge auf den Bahnhöfen wurde immer größer, Anträge der Stadt führten zunächst zu Gleismehrungen und verstärkter Zugfolge. Als der Bau der neuen Ringstraße erforderlich wurde, mußte für das Streckengleis nach Schwalbach eine neue Trasse gefunden werden. Dies war der Anlaß einer Regierungsanordnung vom 14. Oktober 1891, einen neuen Zentralbahnhof an der Ringstraße zu planen. Kaiser Wilhelm versprach anläßlich seiner Kur in Wiesbaden im Jahre 1894, einen der schönsten Bahnhöfe Deutschlands zu errichten.

Insgesamt wurden fünf Pläne erstellt, ehe Fritz Klingholz von der Technischen Hochschule Aachen den Bauauftrag erhielt.

Beim Bau ergaben sich nicht erwartete Schwie-

Sehenswert ist der Hauptbahnhof Wiesbaden wegen seiner Architektur (1904–1906 erbaut) mit dem markanten Turm und wegen des vielfältigen Eisenbahnbetriebes in der stählernen Bahnsteighalle. Foto November 1981.

rigkeiten. 1,5 Millionen Kubikmeter Erde mußten bewegt werden, um das enge Salzbachtal zuzuschütten, 1800 m Bachkanal mußten gelegt werden, um die Abwässer der Stadt unter den Gleisen abfließen zu lassen. Während der Arbeiten setzte sich der rechts vom Bahngelände gelegene Melonenberg in Bewegung und mußte durch Mauerpfeiler und tiefwurzelnde Akazien abgesichert werden. In der Bevölkerung erhielt der Berg den Spitznamen „Millionenberg".

Anläßlich des Kaiserbesuchs im Jahre 1900 wurde festgelegt, den Güterbahnhof in die Nähe des ehemaligen Exerzierplatzes an der Dotzheimer Straße zu plazieren. Er wurde am 1. Januar 1905 eröffnet. Der neue Zentralbahnhof wurde von 1904 bis 1906 errichtet. Am 15. November 1906 wurde dann der neue Hauptbahnhof, ein Kopfbahnhof, seiner Bestimmung übergeben. Für seine Erbauung waren ursprünglich 7 Millionen Goldmark veranschlagt, die Gesamtkosten betrugen dann jedoch mehr als 20 Millionen.

Das Bahnhofsgebäude zeigt drei verschiedene Kunststilrichtungen: Renaissance, Barock und Jugendstil. Der Baumeister legte die Front des Bahnhofs schräg zur gegenüber neu erbauten Kaiserstraße. Dem asymmetrischen Grundriß entspricht auch die äußere Gliederung. In der Mitte befindet sich ein Flachbau mit Säulenvorhalle, der östliche Flügel trägt als Krönung einen 40 m hohen Uhrenturm. Ursprünglich war der Turm höher geplant, aber der Kaiser wünschte, daß die Höhe nicht überschritten würde. Über den vier Uhren befindet sich ein in Sandstein gehauenes Flügelrad. Der Westteil schließt mit einem attraktiven Kuppelbau und großem Glasportal ab. Unmittelbar an den Uhrenturm schließt sich ein mächtiges Eingangsportal zur Schalterhalle an. Jeweils zurückgebaut befinden sich an der Ostseite der Kaiserpavillon und an der anderen Seite das Postamt. An der Fassade findet man mehrere in Stein gehauene Frauenköpfe. Sie zeigen die verschiedenen Symbole der Stadt: Köpfe mit flammenden Diademen als Sinnbild für die sprudelnden Quellen, weinbekränzte Köpfe weisen auf den Rheingau hin, und Köpfe mit Telefonhörern am Ohr zeigen, wie Telefon und Telegraf im Dienst der Eisenbahn stehen. Die gesamte Außenfront ist mit preußischen Adlern und Kronen versehen.

Eine fünfschiffige Stahlbaukonstruktion überdacht die insgesamt 11 Gleise und die 200 m lange Querhalle. Gleis 1 war damals ausschließlich für kaiserliche Sonderzüge und Salonwagen reserviert. Der Bahnsteig führte unmittelbar zum Fürstenpavillon.

Besondere Beachtung fand die reichliche elektrische Beleuchtung des gesamten Bahnhofs. Vornehme Warteräume für Damen und Herren, ausgestattet mit teuren Empire-Mahagoni-Möbeln, waren ausreichend vorhanden. Im ersten Jahr seines Bestehens fuhren etwa 450 Züge täglich im Hauptbahnhof ein und aus. Gegenüber den wenigen Zügen heute eine beachtliche Zahl.

Im Zweiten Weltkrieg wurden Gleisanlagen und Empfangsgebäude schwer beschädigt. Der Verkehr war vollständig erlegen. Was Bomben verschonten, zerstörte das aus dem unterirdischen Kanalsystem dringende Wasser. Der Fürstenpavillon wurde ein Opfer der Bomben. Nur am Bahnsteig 1 ist heute noch zu erkennen, wo er einst sein Portal hatte. Eine Krone ziert den oberen Abschluß der Steinmauer, die an Stelle des Portals errichtet wurde.

Viele Hände waren erforderlich zum Wiederaufbau. Die Schalterhalle wurde Anfang 1950 renoviert, dann folgte das neue Stellwerk „Whf", zu jener Zeit das modernste in Deutschland.

Der Bahnhof Wiesbaden umfaßte um 1981 noch immer 11 Bahnsteiggleise, davon 8 Gleise mit S-Bahnbetrieb, 6 Personenbahnsteige, 4 Gepäckbahnsteige, 220 Weichen, 85 Signale und eine Gesamtgleislänge von rund 30 km. Die Deutsche Bundesbahn beschäftigte zu diesem Zeitpunkt etwa 800 Mitarbeiter.

Wiesbaden, Nerobergbahn

Liebhaber von Standseilbahnen sollten sich in Wiesbaden die 1000-mm-Standseilbahn zum Neroberg ansehen, die von April bis Oktober verkehrt. Die 1888 eröffnete Bahn hat eine Länge von 438 Metern bei einer Steigung bis zu 25 Prozent. Eine ähnliche Bahn finden wir noch in Bad Ems, die auf den Malberg führt.

Ohne einen Tropfen im Tank kommt ein Fahrzeug dieser Bahn nach einer Fahrt von 3½ Minuten auf der Bergstation an — hier wird vollgetankt. Innerhalb weniger Minuten schießen 3000 bis 7000 l Wasser in den im unteren Wagenboden befindlichen Tank.

Beide Wagen der Bahn sind durch ein 25 mm starkes Drahtseil miteinander verbunden. Der abwärts fahrende Wagen zieht aufgrund seines größeren Gewichts durch den vollen Wassertank den aufwärts fahrenden Wagen. In der Mitte der Strecke befindet sich eine Ausweiche, an der die Fahrzeuge mit einer Geschwindigkeit von 36,5 km/h aneinander vorbeifahren. Je nach Bedarf wird das unten in ein Auffangbecken abgelassene Wasser wieder in das obere Vorratsbecken hochgepumpt. 1979 ließen sich auf diese beschriebene Weise 115 688 Ausflügler auf Wiesbadens Hausberg befördern. 9960 Fahrten standen auf dem teilweise flexiblen Fahrplan. Der Stromverbrauch lag in diesem Zeitraum bei 14 400 kWh, was nicht einmal 1,5 kWh pro Fahrt oder 125 Watt pro Person bedeutet. Gesichert sind derartige Bahnen durch Zahnstangen und Bremszahnräder. Bei Überschreiten einer bestimmten Höchstgeschwindigkeit erfolgt automatisch eine Bremsung.

Mainz, Verkehrsbetriebe

Obgleich das zu Rheinland-Pfalz gehörige Mainz auch der Anfangspunkt der später vorgesehenen Route 2 ist, wollen wir es, bedingt durch die nahe Verbindung von Wiesbaden aus, unter dem hessischen Teil beschreiben.

Die 1888 eröffnete Nerobergbahn in Wiesbaden, Spurweite 1000 mm, eine Zahnstangen-Drahtstandseilbahn mit einer Steigung bis zu 25 Prozent, wird mit Wasser betrieben. Wasser wird zur Bergstation und von dort in einen unter dem Wagenboden befindlichen Tank gepumpt. Durch die Schwere des Wagens auf der Bergstation wird der im Tal befindliche Wagen über ein Seil hochgezogen. Aufnahme Mai 1979.

Mainzer Museumstriebwagen 257, gebaut von Westwaggon/Köln, gesehen am 29. Mai 1981 (Tw 93 s. S. 14).

Die Empfangshalle in Mainz Hbf am 29. Mai 1981.

Der Ablaufberg auf dem Güterbahnhof Mainz-Bischofsheim, für den Außenstehenden nur bei organisierten Besichtigungen auf diese Weise zu fotografieren. Das Bild entstand im Mai 1981.

In Mainz werden noch drei Straßenbahnlinien betrieben. Auf den in 1000 mm Spurweite ausgelegten Strecken verkehren ehemalige Triebwagen aus Aachen, Heidelberg und Mönchengladbach. Das Depot ist nicht weit vom Mainzer Hauptbahnhof entfernt und befindet sich an der Straßenbahn-Haltestelle „Straßenbahnamt". Ein Torbogen erinnert an das ursprüngliche Depot aus dem Jahre 1904. Hier befindet sich auch die Leitstelle. In den betriebseigenen Werkstätten werden die Fahrzeuge vollständig aufgearbeitet und repariert. An Oldtimern werden die Triebwagen 93 und 257 erhalten und zu Museums-Sonderfahrten eingesetzt. Von Interesse ist die Strecke Schillerplatz — Gautor mit einer Steigung von 9 Prozent und einer sogenannten Gleisverschlingung.

Mainz Hauptbahnhof

Der Eisenbahnfreund sollte es nicht versäumen, den Hauptbahnhof zu besichtigen, besitzt doch Mainz noch ein recht imposantes altes Empfangsgebäude. Auch der Blick von der Straßenüberführung auf die Gleise des Bahnhofsvorfeldes und den Tunnel ist von Interesse. Neben dem Bw stehen meist Eichfahrzeuge. Hier befindet sich auch der Modellbahn-Eisenbahnwagen der Eisenbahnfreunde.

Mainz-Süd

Nahe der Station Mainz-Süd führt eine Brücke über den Rhein. Vom Fußgängersteig der Brücke hat man einen schönen Blick auf die beiden Portaltürme der Brücke. Mainz-Bischofsheim bietet einen großen Rangierbahnhof mit Bw.

Budenheim bei Mainz

Wer noch eine weitere Feldbahn besichtigen möchte, sollte einen Abstecher nach Budenheim unternehmen. Von den Kalksteinbrüchen der „Bonner Zement" führt eine 750-mm-Feldbahn

Oben: Ein Züglein der Frankfurter Schmalspurfreunde im sonntäglichen Einsatz auf der 600-mm-Moorbahn im hinteren Teil des Kurparks von Bad Schwalbach. Der kleine Zug verkehrt an bestimmten Sonntagen von April bis Oktober bei gutem Wetter jeweils vom Badehaus durch den Kurpark in das Gerstruthtal. Anfragen an Herrn Kurt Herkelmann, Auf dem Schafberg 13, 6230 Frankfurt 80.

Links oben: Von den Kalksteinbrüchen der Bonner Zementwerke in Mainz-Budenheim zur Verladestelle am Rhein ist eine 750-mm-Feldbahn verlegt. Jede Stunde verkehren mehrere Züge mit Loren. Heeresfeldbahnlok und fünf beladene Wagen. Aufnahme 23. April 1981.

Links: Der Erhöhung der Zugkraft dient die vorgespannte Diesellok im Sonn- und Feiertags-Ausflugsverkehr auf der Strecke 548 Wiesbaden – Bad Schwalbach – Wiesbaden (Steigungsstrecke), hier beim Bf. „Eiserne Hand". Aufnahme 1. Mai 1980. Die „Schwalbacher Bahn" ist stillegungsgefährdet.

zur Verladestelle am Rheinufer. Werktags verkehren stündlich mehrere Züge. Im Bestand sind 7 Diesellokomotiven, darunter vier ehemalige Heeresfeldbahnloks vom Typ HF 130C.

Strecke Wiesbaden — Bad Schwalbach

Nordwestlich von Wiesbaden führt die 23 km lange Strecke 548 über die „Eiserne Hand" durch den Taunus. Diese „Aartalbahn" ist stilllegungsgefährdet; sie bietet große landschaftliche Reize.

Bad Schwalbach

Nordöstlich von Wiesbaden liegt Bad Schwalbach. Im hinteren Teil des Kurparks verkehrt auf der 600-mm-Moorbahn eine Schöma-Diesellok und transportiert in Kipploren Torf.
In den Monaten Mai bis September, jeweils an zwei Sonntagen im Monat, befahren die Frankfurter Schmalspurfreunde, Dampfbahn Rhein-Main, mit einer ihrer Dieselloks und einem

Die C-n2t-Lokomotive Nr. 16 der Nassauischen Kleinbahn wurde im Jahre 1900 von Henschel gebaut und zusammen mit acht weiteren Exemplaren geliefert. Ihr Einsatzgebiet war auf den 1000-mm-Schmalspurstrecken St. Goarshausen – Nastätten – Oberlahnstein bzw. von Nastätten nach Zollhaus. Ein Restbetrieb bestand noch bis 30. September 1977 bei Braubach. Die Nr. 16 wurde 1962 ausgemustert und war an verschiedenen Orten anschließend abgestellt, zuletzt im Bw Limburg. Seit Juni 1981 steht sie als Denkmal in Nastätten im Taunus, dem früheren Betriebsmittelpunkt dieser Bahn. Nastätten liegt nordöstlich von St. Goarshausen an der B 274. Foto 28. Februar 1982.

selbstgebauten vierachsigen Sommerwagen die Gleise der Moorbahn. Auskunft über Fahrtage von Dampfbahn Rhein-Main, Kandelstraße 3, 6000 Frankfurt 71, Herr Dörich, Telefon (06 11) 67 19 59 und 8 07 25 93. Dampfbetrieb auf der Moorbahn ist derzeit aufgrund von Einsprüchen der Naturfreunde nicht möglich.

Nastätten/Taunus

Von Bad Schwalbach gelangen wir in nordwestlicher Richtung über die Bundesstraße 260 nach Nastätten, dem ehemaligen Betriebsmittelpunkt der Nassauischen Kleinbahn (1000 mm). Hier hat die zuvor im Bw Limburg abgestellte C-n2t-Lok Nr. 16 ihren letzten Platz als Denkmal erhalten. Die Lok wurde im Jahre 1900 mit acht weiteren Maschinen von Henschel an diese Bahn geliefert. In Braubach (Rhein) erinnern noch das Bahnhofsgebäude und ein Lokschuppen an diese Bahn.

Rüdesheim

Nicht leicht einzuordnen ist auf unserer Route Rüdesheim am Rhein. Hier steht zur Erinnerung an die seinerzeit dampfgetriebene Zahnradbahn zum Niederwald vor der Talstation der Gondelbahn ein Treibzahnrad einer Lokomotive aus jener Zeit.

Vor der Talstation der Gondelbahn in Rüdesheim zum Niederwalddenkmal steht dieses Antriebsrad einer ehemaligen Dampflokomotive der alten Zahnradbahn zum Niederwald (in Betrieb 1884–1918 und 1925–1939). Foto März 1980.

In Bremthal bei Eppstein im Taunus steht diese C n2t, 600-mm-Baulokomotive Nr. 59, auf einem Kinderspielplatz. Die bullige Lokomotive wurde 1938 unter der Fabrik-Nr. 23052 bei Henschel & Sohn, Kassel, gebaut. Bis zur Aufstellung als Denkmalslokomotive war die Nr. 59 bei den Neunkircher Eisenwerken. Nach den Unterlagen der Stadt Eppstein erfolgte die Aufstellung im Jahre 1971; Aufnahme März 1979.

Bremthal/Taunus

Von Nastätten aus suchen wir die Autobahnauffahrt Idstein (E 5), fahren in Richtung Frankfurt und verlassen sie bei Niedernhausen. Über die Bundesstraße 455 in Richtung Königstein zu erreichen, liegt vor Eppstein der Ort Bremthal. Versteckt von der Wiesbadener Straße steht auf einem Kinderspielplatz die bullige Baulokomotive Nr. 59 der Neunkircher Eisenwerke, Spurweite 660 mm, Bauart C n2t, gebaut 1938 unter der Fabrik-Nr. 23052 von Henschel. Die Lok ist leider bunt bemalt, die Achsen sind mit Sand bedeckt.

Eppstein/Taunus

An der Landstraße weiter in Richtung Königstein liegt Eppstein. Hier begegnen wir bereits der Frankfurter S-Bahn. Unmittelbar am Bahnhof befindet sich ein 200 m langer Tunnel. Das alte Portal und ein aus- oder einfahrender S-Bahnzug bilden einen interessanten Kontrast.

Flörsheim am Main

Über Hofheim erreichen wir den Main bei Flörsheim. Hier ist eine moderne MaK-Diesellok im Tanklager der Shell im Rangiereinsatz. Das Fotografieren ist hier nur nach vorheriger Genehmigung möglich.

Rüsselsheim, Opel-Werke

Gleich über der Mainbrücke, da liegen Rüsselsheim und die Werksbahn der Opelwerke. Im Einsatz stehen vier Lokomotiven, gebaut 1965—1973 von Orenstein & Koppel (2—4, 7), und drei Lokomotiven, gebaut 1959—1961 von Klöckner-Humboldt-Deutz (1, 5 und 6). Aus alten Unterlagen geht hervor, daß Carl von Opel, einer der Söhne Adam Opels, bereits 1918 mit der Kgl. Preußischen und Großherzoglichen Hessischen Eisenbahndirektion in Mainz über die Errichtung eines eigenen Gleisanschlusses verhandelte. Im Jahre 1920 wurde die erste Dampflokomotive in Dienst gestellt. 1946 wurden die letzten vorhandenen Dampfloks verschrottet — Dieselloks übernahmen ihren Dienst. Derzeit sind sieben mit Sprechfunk ausgerüstete Dieselloks in Rüsselsheim im Einsatz für diese große Automobilfabrik. Die Länge des internen Schienennetzes beträgt immerhin 25,3 km und wird durch 126 Weichen und Kreuzungen zu einem kompletten Rangierbahnhof. Täglich gehen rund 500 Waggons im Werk ein oder verlassen es. Eine Fernsehanlage überwacht die einzelnen Rangierabläufe. Einlaufende Güterzüge sind aufzulösen und die Waggons an rund 50 Ladestellen zu transportieren. Die ausgehenden Züge müssen wie bei der Bundesbahn zusammengestellt und zu festgesetzten Zeiten übergeben werden. Vorrang haben Expreßgut-Waggons und andere, deren Ladung dringend benötigt wird. Allein in Rüsselsheim werden neben den vielseitigen innerbetrieblichen Transporten täglich bis zu 26 Züge mit der Deutschen Bundesbahn ausgetauscht, was dem Verkehrsaufkommen so mancher großen Stadt entspricht.

Nicht unerheblich ist der Materialfluß zwischen den drei Opel-Werken und zum GM-Montagewerk in Antwerpen. Täglich verkehren Güterzüge mit Autoteilen nach festen Fahrplänen zwischen Rüsselsheim, Bochum und Antwerpen. Allein für den Verkehr von und nach Antwerpen besitzt Opel über 200 vierachsige Groß-Güterwagen mit einem Laderaum von 195 Kubikmetern. Darüber hinaus wird ein Teil der fertigen Pkw per Bahn zu den Händlern transportiert.

Rechts oben: Im Rangier- und Übergabedienst im Tanklager der Shell AG ist eine moderne MaK-Diesellok als Nr. 1 im Einsatz. Das Fotografieren ist nur nach vorheriger Genehmigung möglich. Aufnahme April 1981.

Rechts: Güterwagen in Sonderbauart und eigene Lokomotiven laufen im Werksverkehr der Opelwerke in Rüsselsheim. Aufnahme 15. Juli 1982. Fotografieren ist nur nach Voranmeldung möglich.

Halt

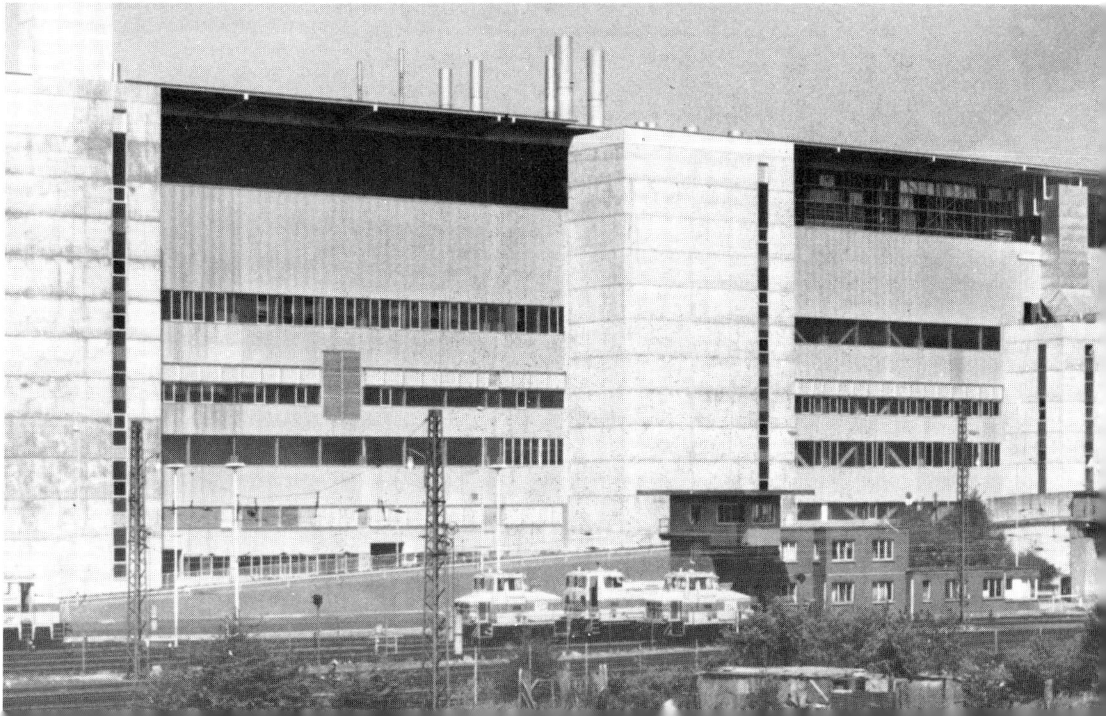

Die Wartung der Gleisanlagen, Signale, Lokomotiven und Wagen unterliegt den strengen gesetzlichen Bestimmungen und Bundesbahnvorschriften. So werden an den Lokomotiven nach jeweils 240 Betriebsstunden Fristarbeiten durchgeführt. Im Abstand von jeweils drei Jahren erfolgt eine Zwischen- oder Hauptuntersuchung. Dabei werden die Lokomotiven vollständig zerlegt, untersucht und gewartet. Die Mitarbeiter, wie Rangierleiter, Rangierer, Lokführer und Waggonkontrolleure, werden in eigener Regie ausgebildet. Da die Loks und Züge aber auch Bundesbahngleise befahren, erfolgt die Prüfung durch die Deutsche Bundesbahn.

Raunheim

Östlich von Rüsselsheim liegen Raunheim und die Raffinerie der CALTEX. Hier ist eine Diesellok im Einsatz, um die Tankwagen auf der werkseigenen Bahn zu rangieren. Oft sieht man die Lok neben der Straße zwischen Raunheim und Kelsterbach abgestellt.

Frankfurt-Sportfeld

Unweit vom Flughafen, jedoch etwas unglücklich erreichbar über Oberforsthaus und die alte Flughafenstraße oder über die Otto-Fleck-Schneise, ist der Bahnhof Frankfurt-Sportfeld. Hier steht zu bestimmten Zeiten, soweit nicht abgestellt in Frankfurt Hbf, hinter Gleis 1 während seiner Zwischenaufenthalte der „Lufthansa-Airport-Express", etwa um 16 Uhr.

Frankfurt-Süd, Stresemannallee

In südlicher Verlängerung der die Friedensbrücke überquerenden Straße, durch die kleine Bahnunterführung, liegt die Stresemann-Allee. Auf einem Kinderspielplatz finden wir die leider buntbeschmierte Dampfspeicherlok mit der Fabrik-Nr. 26177, gebaut 1943 von Henschel in

Im Übergabeverkehr der Raffinerie Caltex, gelegen zwischen Raunheim und Kelsterbach an der B 43, ist eine Werkslok im Einsatz. Foto vom Sommer 1982. Leider steht die Lok meist verdeckt hinter dem kleinen Gebäude.

Lufthansa-Airport-Express „IKARUS" im Einsatz auf der Route Frankfurt – Bonn – Köln – Düsseldorf; hier eine der drei von der Deutschen Lufthansa gemieteten Einheiten der Baureihe 403/404 in der Pause von 15.54 bis 16.13 Uhr auf Bahnhof Frankfurt-Sportfeld im April 1982.

Diese normalspurige B-Dampfspeicherlok, die im Frankfurter Osthafen ihren Dienst versah, steht nunmehr in Frankfurt/M. in der Stresemannallee auf einem Kinderspielplatz. Trotz der grellbunten Bemalung sieht sie noch recht imposant aus. Erbauer ist Henschel 1943/26177. Foto Januar 1979.

Kassel. Die Lok war früher im Frankfurter Osthafen eingesetzt.

Frankfurt, Südbahnhof

Auf dem Bahngelände warten Salonwagen der Bauart 801 und 802 auf ihren Einsatz. Sie werden von hier bei Bedarf dem Hauptbahnhof oder dem Gelände der HVB am Hauptgüterbahnhof zugeführt.

Frankfurt, Bockenheimer Warte

In Universitätsnähe gegenüber der Bockenheimer Warte befindet sich das unter Denkmalschutz stehende ehemalige Straßenbahndepot Bockenheimer Warte.

In einer der Hallen ist die neue, aber auch wieder vorläufige Heimat des Vereins Dampfbahn Rhein-Main. Jeweils an Samstagen kann die schöne Sammlung von Schmalspur-Lokomotiven besichtigt werden. Im Bestand dieses aktiven Vereins sind 6 Dampflokomotiven der Baujahre 1906 bis 1948, 6 Feldbahn-Diesellokomotiven der Baujahre 1938 bis 1956, 1 Hatlapa-Schienenkuli und kleine, in Eigenbau hergestellte Personenwagen, Dampfmaschinen und Dampfwalzen, letztere derzeit leider nicht zugänglich. Bestimmte Fahrzeuge sind im Museumseinsatz in Viernheim beim DGEG-Museum und in Bad Schwalbach im hinteren Teil des Kurparks auf der Moorbahn. Auskünfte erteilt: Dampfbahn Rhein-Main, Kandelstr. 3, 6000 Frankfurt 71, Herr Doerich, Telefon (06 11) 67 19 59 und 8 07 25 93. Der Verein beabsichtigt, im Norden Frankfurts eine eigene Wagenhalle zu erstellen und auf einer abgebauten, aber noch erhaltenen Trasse der Straßenbahn seinen Dampfbetrieb aufzunehmen.

Zum Bestand zählten 1982 schon sechs Dampfloks, alle in der Bauart B n2t:

(DRM 1) Lok Nr. 43 der Neunkircher Eisenwerke, Krauss 1909/6214, 660 mm. Die Lok stand bis 1975 als Denkmal in Königstein und wurde bisher von der DRM vielerorts eingesetzt. Diese Maschine soll später wegen ihrer abweichenden Spurweite in einem geplanten Dampfmaschinen-Museum mit aufgestellt werden.

DRM 2 Lok Nr. 2 der Fa. Rothenbücher, Henschel 1925/20517, 600 mm, Typ Fabia. Die Lok war bis 1977 Denkmalslok im Kinderparadies Ponyland in Miltenberg, erworben von der DRM und 1978 generalüberholt.

DRM 3 Lok Nr. 2 der Fa. Faber & Schnepp, Henschel 1948/28033, 600 mm. Die Lok stand bis 1978 als Denkmal in Lang-Göns und wurde 1979 von der DRM generalüberholt. Sie ist getauscht worden gegen die Diesellok der Ziegelwerke Blumör II, Hainstadt/ Hanau (1937/1810, Gmeinder), und war 1981 in Viernheim eingesetzt.

DRM 4 Lok Nr. 175 der Hochtief AG, Orenstein & Koppel 1906/2053, 600 mm, Tauschkessel aus Finnland, 1979 von der DRM generalüberholt. Die Lok stand bis 1979 als Denkmal in Walldorf und wurde getauscht gegen die Diesellok der Ziegelwerke Franz Wenzel, Hainstadt/Hanau (1949/25007, Orenstein & Koppel).

DRM 5 Lok der Fa. Faber & Schnepp, Gießen, Erbauer Jung, 1941/9295, 600 mm. Die Lok stand bis Spätsommer 1979 in Lang-Göns, Goethestraße als Denkmal und wurde getauscht gegen eine Diesellok (Gmeinder, 1939/2404).

DRM 6 Henschel, 1939/24011.

DRM 7 Decauville, C n2t.

Rechts oben: In Frankfurt-Süd abgestellte Salonwagen der DB warten hier auf ihren nächsten Einsatz. Foto April 1982.

Rechts: Die Gruppe „Dampfbahn Rhein-Main“ sammelt Schmalspurfahrzeuge. Lok 4 ist eine B-n2t-Dampflokomotive, gebaut von O & K unter der Fabrik-Nr. 2053 im Jahre 1906, von der Firma Faber & Schnepp. Die Maschine wird hier von den Frankfurter Schmalspurfreunden generalüberholt. Das Foto entstand 1979 im inzwischen verlassenen Domizil in Nied.

Die neu beschaffte D 7 (zweite Besetzung) der Hafenbahn Frankfurt, hier im Frankfurter Westhafen nach ihrem täglichen Rangierdienst auf der Rückfahrt ins Bw Hanauer Landstraße 441. Die D 7 wurde im Jahre 1979 unter der Fabrik-Nr. 19872 von Krauss-Maffei gebaut und wurde in Frankfurt im November 1980 in Dienst gestellt. Foto 16. April 1981.

Frankfurter Hafenbahn

Arbeitstäglich am Vormittag verkehrt eine Diesellokomotive zwischen dem Depot der Hafenbahn im Osten über die am nördlichen Mainufer gelegenen Gleise der Hafenbahn und dem Westhafen zum Rangiereinsatz. Im Gebiet des Westhafens befinden sich noch mechanische Stellwerke, die alsbald durch ein zentrales modernes Stellwerk ersetzt werden. In einem der alten Stellwerke soll ein Hafenbahnmuseum entstehen.

Depot der Hafenbahn

Über den Osthafen gelangen wir zur Hanauer Landstraße 441, zum Depot der Hafenbahn und dem hafenbahneigenen Rangierbahnhof mit Ablaufberg. Neben zahlreichen Oldtimer-Güterwagen sind vier D-dieselhydraulische Lokomotiven der Baujahre 1957 bis 1960 sowie eine Cdh von 1979, alle von Krauss-Maffei, im Bestand, nebst einem Rottenkraftwagen wie DB Klv 53 und einem weiteren kleineren Rottenwagen. Neuzugang 1981 war ein DB-Klv mit der Betriebs-Nr. 619103 von der Flm Offenburg, jetzt Kl 3.

Ein Blick in die Geschichte:
Die Strecke der heutigen Hafenbahn wurde schon 1859 als damalige „Verbindungsbahn“ zwischen den drei Westbahnhöfen (Taunusbahnhof, Main-Neckar-Bahnhof und Main-Weser-Bahnhof) an der heutigen Gallusanlage und dem Hanauer Bahnhof in der Nähe des

heutigen Ostbahnhofes eröffnet, um den Durchgangsverkehr in Frankfurt etwas zu vereinfachen. Das galt besonders für Militärzüge, doch für einige Zeit fuhren hier bis 1873 sogar Schnellzüge. Mit dem Bau des neuen Frankfurter Hauptbahnhofes 1888 und der Neuordnung der Frankfurter Bahnanlagen um die Jahrhundertwende (Südbahnhof, neuer Ostbahnhof als Durchgangsbahnhof, Deutschherrenbrücke) verlor die Bahn im Durchgangsverkehr an Bedeutung, doch fuhren hier noch immer einige Züge in den Taunus ab (Bahnhof Fahrtor am Eisernen Steg). Die alte Mainuferstrecke mußte nun aber auf die neuen Bedürfnisse nach dem Bau des Osthafens abgestimmt werden, sie dehnte sich in Richtung Osten aus. Die Strecke führte ab 1910 durch den neuen Osthafen mit Anschluß über den neu gebauten eigenen Rangierbahnhof an die Hauptbahn. Dieser Rangierbahnhof zwischen Ostbahnhof und Mainkur ist heute noch das Herz der Hafenbahn. Aufgrund eines am 14. November 1911 geschlossenen Vertrages ging die Betriebsführung der Verbindungsbahn auf die Stadt über. Ab 2. April 1913 wurde sie aufgrund der veränderten Aufgaben eine neue Privatanschlußbahn, die „Städtische Hafenbahn Frankfurt“. Schon im Jahre 1909 war der letzte Reisezug zwischen Ostbahnhof und Fahrtor eingesetzt, der letzte Personenzug zwischen Fahrtor und Griesheim verkehrte am 1. April 1913 in Richtung Höchst.

Die Zentrale des Betriebes war und ist mit seinen Werkstätten in dem um 1910 geschaffenen Rangierbahnhof Hanauer Landstraße. Von dort führt eine Strecke über die Lahmeyerbrücke zum Industriegebiet zwischen Seckbach und Enkheim. Nach Süden, von der Hauptstrecke aus, bestehen zahlreiche Anschlüsse zu den vier Hafenbecken des Industriehafens und des Osthafens mit zahlreichen dort ansässigen Firmen. Nach dem Ersten Weltkrieg wurde die Großmarkthalle eröffnet und an die Hafenbahn angeschlossen. Die Rangier- und Ladegleise am Fahrtor (zwischen Alter Mainbrücke und Eisernem Steg) wurden entfernt, das Frankfurter Nizza entstand mit seinen gärtnerischen Anlagen zwischen der Flößerbrücke und der heutigen Friedensbrücke. Im älteren Teil der Verbindungsbahn im Westen zählen zu den Kunden Speditionsfirmen, das städtische Elektrizitätswerk und die Degussa. Der alten Trasse folgend, verläßt hier die Strecke das Ufer des Mains zum Übergabebahnhof Griesheim. Er wurde mit Bau eines neuen Abstellbahnhofes der Bundesbahn um 1970 umgebaut, gleichzeitig eine Verbindung zum neuen Stromhafen unterhalb der Main-Neckarbrücke geschaffen.

Die alte Verbindungsbahn mußte in Notfällen als Umleitungsstrecke öfters wieder alte Aufgaben übernehmen. 1922, als die Straßenbahn infolge Strommangels den Betrieb einstellen mußte, verkehrten zwischen Griesheim über Fahrtor nach Mainkur sogar wieder Personenzüge. Ebenso nach dem Zweiten Weltkrieg, als nach Sprengung aller Mainbrücken zwischen Aschaffenburg und Mainz-Bischofsheim nicht nur der Militärverkehr und die Versorgungszüge für die Zivilbevölkerung über die eingleisige Strecke geschleust wurden, sondern auch ein regelmäßiger Personenverkehr mit Zügen der Kleinbahn Frankfurt — Königstein zwischen Mainkur und Frankfurt-Höchst bestand. In Domnähe, an der alten ehemaligen Station Fahrtor, schwamm eine Fähre zum linken Mainufer. Auch eine Pontonbrücke in Höhe der Obermainbrücke konnte benutzt werden. Täglich verkehrten damals auf der Hafenbahn bis zu 70 Güterzüge, vom 13. Juli bis zum 30. September 1945 fuhren insgesamt 1139 Personenzüge.

Der Übergabebetrieb im Bereich des Frankfurter Westhafens ist seit Jahren nicht mehr intensiv, und die Frage, ob die Verbindungsbahn zwischen Ost und West entlang des Mains noch erforderlich ist, wird immer wieder gestellt. Derzeit verkehrt nur noch werktäglich am Vormittag die neu beschaffte Krauss-Maffei-Diesellok D 7 zwischen Ost- und Westhafen sowie zurück zum Bw in die Mainzer Landstraße. Nach einzelnen Veranstaltungen, wie zur Eröffnung der U-Bahnlinie B im Jahre 1974 mit Dampflok 24 009 und im Jahre 1977 mit Dampflok 23 042, dampft es nunmehr seit Gründung der „Historischen Eisenbahn" wieder regelmäßig an bestimmten Tagen auf der Hafenbahn. Der eigentliche Dampfbetrieb der Hafenbahn ist 1957 auf Diesel umgestellt worden.

Historische Eisenbahn Frankfurt

An bestimmten Tagen verkehrt auf den Gleisen der Frankfurter Hafenbahn (KBS 596) der Museumszug des „Historische Eisenbahn Frankfurt e. V.". Auskunft wird erteilt per Anschrift: Eschborner Landstraße 140, 6000 Frankfurt/M. 90. Fahrzeuge der „Historische Eisenbahn Frankfurt" verkehren an einigen Tagen im Jahr auch auf Gleisen der Kleinbahn Frankfurt — Königstein. Telefon (06 11) 53 91 47 oder 78 94 310.

Zum Bestand dieses jungen Vereins zählen:
Güterzuglokomotive 50 685, 1940/3405, Wiener Lokomotivfabrik Floridsdorf, ex Deutsche Reichsbahn, ex Rumänische Staatsbahn, ex Österreichische Bundesbahnen, ex Graz-Köflacher Eisenbahn, Bauart 1'Eh2;
Güterzug-Kriegslokomotive 52 4867, ex ÖBB 152 4867, 1943/13931, Maschinenbau- und Bahnbedarf Potsdam, Bauart 1'E h2;
sowie aus der DDR die Lokomotiven 01 118 (Krupp 1934/1415) und 35 1097-1 (23 1097) (VEB Karl Marx, Babelsberg, 1959/123 097);
Tenderlokomotive 81 1001, 1949/17575, Krauss-Maffei, München, ex Nr. 36 der Saarbergwerke, Bauart D n2t (81 1001 angenommene Nr.);
Elektrolok 14 282 (Ce 6/8 II) der SBB, Bj. 1921;
Diesellokomotive 236 406-5, 1950/360015, Maschinenbau Kiel GmbH, ex Deutsche Bundesbahn, ab 1980 bei Historische Eisenbahn;
Diesellokomotive 236 405-7, 1950/360014, Maschinenbau Kiel GmbH, ex Deutsche Bundesbahn, ab 1981 bei Historische Eisenbahn;
Personenwagen B3yg, AB3yg, BD3yg (dreiachsige Umbauwagen),
Sonder-D-Zug-Wagen B4ye, Betriebs-Nr. 29-13 020-1, Karwendel-Expreß-Wg.;
Postwagen Typ 2-b/14,5, Nr. 11208 wurde nach Hamm abgegeben;
Güterwagen mit Bremserhaus als Licher Bierwagen, ex ÖBB, Glms-39;
Gesellschaftswagen (ex Samba-Expreßwagen) 40 505-0.
1982 kamen noch drei Vorkriegs-Schürzenwagen der Bauarten Aüe 309, ABüe 334 und Düse 947 hinzu, so daß man bald einen älteren Schnellzug bilden kann.

Frankfurter Verkehrsverbund

In Gemeinschaft zwischen Deutscher Bundesbahn und Stadtwerken Frankfurt besteht in Frankfurt ein Verkehrsverbund mit Straßenbahnen, Omnibus, U-Bahn und S-Bahn.

Stadtwerke Frankfurt

Im Einsatz stehen vor allem Straßenbahn- und U-Bahnfahrzeuge unterschiedlichster Typen:
Vierachsige Gelenktriebwagen Bauart L, 201II, 1954 Düwag, 203II—242II, 1955—1957 Düwag;
sechsachsige Gelenktriebwagen Bauart M, 601—645, 1959—1960 Düwag;
achtachsige Gelenktriebwagen Bauart N, 801—830, 1963 Düwag;
achtachsige Gelenktriebwagen Bauart O, 901—908, 1969 Düwag;
achtachsige Gelenktriebwagen Bauart P, 651—716, 1971—1973 Düwag;
sechsachsige U-Bahnwagen Bauart U 2, 303II —347II, 1968—1971 Düwag; ferner der Typ V 3 auf der Linie U 4.
Die neue Stadtbahn-Zentralwerkstatt liegt an der Heerstraße. Auf den Gleisen der Frankfurter Straßenbahn verkehrt der „Ebbelwei-Express". Auskunft über die Abfahrzeiten und Route erteilen die Frankfurter Stadtwerke, Verkehrsbetriebe, Rathenauplatz, Telefon (06 11)

Die Lokomotive 50 685 der „Historischen Eisenbahn Frankfurt e. V.“ auf den Gleisen der Frankfurter Hafenbahn, gesehen im November 1981. Der Verein bemüht sich derzeit um den Ankauf der Lokomotiven 02 0314 (18 314) und 95 009 aus der DDR.

Frankfurter Straßenbahn-Triebwagen 743 aus der Serie ab 651, Bauart P, gebaut ab 1971 von Düwag, ein achtachsiger Gelenktriebwagen, hier am Roßmarkt. Foto 5. September 1981.

Großer Beliebtheit erfreuen sich die Züge mit den Triebwagen Tw 106—108, die als „Ebbelwei-Express" auf den Gleisen der Frankfurter Straßenbahn verkehren. Einzelne Fahrzeuge können für DM 50,– pro Stunde von Gruppen gemietet werden. Auskunft erteilen die Stadtwerke, Telefon (06 11) 13 68 24 25. Die K-Wagen der Serie 101–125 wurden im Jahre 1953 von Credé in Kassel gebaut. Das Foto vom 5. Mai 1979 zeigt Tw 106 an der Haltestelle Hauptbahnhof vor der Weiterfahrt in Richtung Zoo.

1 36 84 25. Im Einsatz für den Frankfurter Ebbelwei-Express sind die zweiachsigen Tw 106—108 der Bauart K, aus der ehemaligen Serie 101—125, gebaut 1953 von Credé in Kassel. Die zweiachsigen Beiwagen zählen zur Bauart ka und entstammen der Serie 1671—1700 von 1953. Auf den Gleisen der ehemaligen Frankfurter Gebirgsbahn, Strecke in Richtung Hohemark, seit 1954 Frankfurter Stadtwerke — Verkehrsbetriebe, verkehrten bis 1982 zwei interessante Triebfahrzeuge als Zubringer, vom Depot in Oberursel zu VDM-Aluminium, Heddernheim, Zeilweg, und zur Motorenfabrik Oberursel, sodann zum DB-Bahnhof Oberursel (Übergabe). Es sind Fahrzeuge der Frankfurter Straßenbahn:

C-Akku-/Gleichstromlok Betriebs-Nr. 2020, 1926/1889 Maffei-Schwartzkopff, ex Betriebs-Nr. E8 der Hafenbahn Frankfurt (Ölhafen); C-Diesellok wie V 36, jedoch mit Stromabnehmern zum Betätigen der Signale, gebaut wahrscheinlich 1936 von Schwartzkopff, Betriebs-Nr. 2018, ex Steinhuder-Meer-Bahn.

Beide Maschinen kommen in das Museum der Frankfurter Straßenbahn. Im geschlossenen Depot Frankfurt-Schwanheim, derzeit nicht zugänglich, befindet sich die Fahrzeugsammlung der Frankfurter Verkehrsbetriebe mit Museumsfahrzeugen der Jahre 1872 bis 1955.

Das Klingeln der Straßenbahnen wird ab 1986 in der Innenstadt wohl endgültig der Vergangenheit angehören. Bis dahin fertige U- und S-Bahnen werden dann den City- und Nahverkehr abwickeln.

1983 erreichen sieben S-Bahn-Linien die Konstablerwache und haben damit Anschluß an die U 4 nach Bornheim und Seckbach sowie an die U 5 nach Preungesheim. Bei dieser Gelegenheit soll die S 14 aus Wiesbaden und Mainz in den Tunnel einfahren, während die bisherige Flughafen-S-Bahn S 15 am Hauptbahnhof enden wird. 1985 werden die U-Bahnen-Linien 1 bis

3, die den Frankfurter Norden erschließen, bis zum Südbahnhof verlängert. Im Jahr 1986 sollen die Linien U 6 und U 7 die Innenstadt in Ost-West-Richtung durchqueren. Die östliche Endstation ist zunächst Zoo, von wo es über die Zeil, Alte Oper und die Bockenheimer Landstraße zum Industriehof geht. Dort teilen sich die Linien. Die U 7 bedient Praunheim und Hausen, die U 6 endet an der Heerstraße. Damit soll die Stunde der Straßenbahnen in der City geschlagen haben. — 1988 herrscht dann endgültig die „Schnellbahn-starke" Innenstadt. Die S-Bahnen fahren über die Konstablerwache hinaus ins Ostend, unterqueren den Main und bedienen in Sachsenhausen die Stationen Südbahnhof, Darmstädter Landstraße und Mühlberg. 1992 sollen die S-Bahnen Offenbach, Hanau und Darmstadt anfahren. Die U 6 wird über den Zoo hinaus verlängert, zunächst im Tunnel unter der Hanauer Landstraße, dann oberirdisch bis Fechenheim. Die U 4 wird dann vom Hauptbahnhof bis zur Bockenheimer Warte verlängert.

Als letzte Straßenbahn in Frankfurt wird in der Planung des FVV die Linie 12 erwähnt, deren Endstation, von Bornheim kommend, die Konstablerwache sein soll. Es wird darüber nachgedacht, die Linie bis Bergen zu verlängern. Ein Stück Verkehrsgeschichte der Stadt Frankfurt wird somit bis zum Jahre 1988 abgeschlossen sein. Die Straßenbahnen sind dann nur noch Ausstellungsobjekt im hoffentlich bald öffentlich zugänglichen Frankfurter Straßenbahnmuseum im ehemaligen Depot Schwanheim. Obgleich von seiner Eröffnung bereits ab 1982 gesprochen wurde, stehen diesem Projekt noch fehlende Mittel in Höhe von derzeit 1,1 Millionen DM entgegen.

Der bedeutendste Personenbahnhof der DB (vor München und Hamburg) ist mit 24 Bahnsteiggleisen der Frankfurter Hauptbahnhof. Foto 26. Oktober 1980.

Hauptpersonenbahnhof Frankfurt

Der 1888 vollendete Frankfurter Hauptbahnhof als Kopfbahnhof mit 24 Bahnsteigen zählt vor München und Hamburg zu den bedeutendsten Bahnhöfen der Bundesrepublik. Das 22 m hohe Zentral-Stellwerk in Dr-Technik, 1980/81 erweitert, zählt gleichfalls zu den wichtigsten der Deutschen Bundesbahn. Insbesondere sollte der Besucher die vielen am Empfangsgebäude befindlichen Wappen und Figuren beachten (z. B. am Haupteingang neben der Uhr, „Tag und Nacht", oder auf dem Dach der Riese Atlas, preußischer Adler) sowie die Verzierungen und Rosetten der Stahlkonstruktion.

In der B-Ebene finden wir ein 3,2 Tonnen schweres Modell der Schnellzuglokomotive 01 102, gebaut 1934—1938 von Lehrlingen des Ausbesserungswerkes Darmstadt im Maßstab 1 : 4. Gegen Einwurf von DM 1,— bewegt sich das Modell im Stand.

Zentralstellwerk Frankfurt

Kurz vor dem Ersten Weltkrieg wurde der Frankfurter Hauptbahnhof von drei auf fünf Hallen erweitert und gleichzeitig mit den seinerzeit modernsten elektrischen Stellwerken von Siemens (Bauart 1912) ausgerüstet. Diese Einrichtungen bewährten sich bis 1957. Wegen Erhöhung der Zugfahrten, insbesondere durch Elektrifizierung und den Nahschnellverkehr, mußte eine neue Lösung gefunden werden.

In den Frankfurter Schienenbezirk führen elf Strecken, die sich im 8 bis 10 km langen Vorfeld in ein verwickeltes Netz von etwa 30 ein- und zweigleisigen Strecken aufteilen, um die Bahnsteiggruppen des Hauptpersonenbahnhofes, den Hauptgüterbahnhof, den Eilgüterbahn-

Das Zentralstellwerk im Vorgelände des Frankfurter Hauptbahnhofes mit einer Turmhöhe von 22 m zählt zu den bedeutendsten der DB. Aufgenommen ebenfalls im Oktober 1980.

hof und den Bahnhof Frankfurt-Süd zu erreichen. Der Bahnhof kann auch umfahren werden. Erschwerend wirkt sich das Fehlen besonderer Güterstrecken aus. Hinzu kommen zwei Engpässe, die Mainbrücke bei Niederrad und die starke Verengung bei der Abzweigung der Main-Neckar-Bahn. 1957 baute man das neue Stellwerksgebäude, welches das neue Zentralstellwerk in Dr-Technik beherbergt mit seinen fünf Stelltischen, der Bahnhofsmeldetafel, dem Pult des Bahnhofsfahrdienstleiters und dem des Streckenfahrdienstleiters, dem Platz der Zugansagerin und der Fernschreibstelle. Trotz Erhöhung der Zugfahrten, insbesondere durch den neuen S-Bahnbetrieb, wird heute noch ein eisenbahnbetriebstechnischer Höchststand gehalten. Eine Besichtigung an den „Tagen der offenen Tür" sollte man sich nicht entgehen lassen.

Frankfurt, Bahnbetriebswerk

Hinter der Camberger Brücke finden wir das Bw Frankfurt 1, ein wichtiges Depot für den Intercity-Dienst (Reihe 103). Seit 27. Juli 1981 ist hier als S-Bahn-Tunnellok die 381 020, eine Akku-Kleinlokomotive, beheimatet.

Frankfurt, Ausbesserungswerk

1982 standen hier an der Idsteiner Straße abgestellt als Heizloks die 152 025-3, Maffei 5511/SSW 2067, gebaut 1925, und die 191 011-6, Krauss/Wasseg, aus dem Jahre 1925. Ob die beiden alten „Jumbos" noch dort stehen, wird über den Pförtner in Erfahrung zu bringen sein. Das Werk soll Bw der S-Bahn werden.

Blick von der Camberger Brücke auf das in westlicher Verlängerung des Frankfurter Hauptbahnhofs gelegene Betriebswerk 1, das 1980 sein neunzigjähriges Bestehen feierte. Lokomotiven der verschiedensten Baureihen stehen hier für ihren Einsatz bereit. Foto April 1981.

Frankfurt-Eschersheim

Die Interessengemeinschaft Schienenverkehr Frankfurt/M. e. V. (Anschrift: 6230 Frankfurt 83, Postfach 830070, Telefon (06 11) 38 21 55) plant einen 600-mm-Museumsbetrieb. Im Bf Eschersheim ist bereits eine 600-mm-B-Diesellok, gebaut von Jung 1935/6674, hinterstellt.

Hafen- und Industriebahn Offenbach

Die Werkstätte der Hafen- und Industriebahn Offenbach, Nordring, Taunusstraße, ist unser nächstes Ziel. Von hier verkehren auf der etwa 8 km langen Hafenbahn und über die DB-Strecke zur 8 km langen Industriebahn zwei C-Diesellokomotiven von Deutz.

Offenbach, Museumsbahn „Offenbacher Lokalbahn"

Die Gründung des Vereins „Offenbacher Lokalbahn e. V." im September 1980 war die Basis zum Ankauf der alten Nr. 1 der Offenbacher Hafen- und Industriebahn. Diese Gmeinder-Stangendiesellok wurde im Jahre 1940 unter der Fabrik-Nr. 2582 gebaut; Länge ü. P. 7700 mm, Dienstgewicht 32 t. Im ehemaligen Lokschuppen der Industriebahn im Schlachthof Offenbach wurde die Lok zur HU aufgearbeitet. In der Zwischenzeit konnte noch ein vierachsiger sogenannter „Allesbahnpostwagen", Nr. 2777 Ffm der Bauart a/15, wie er von WUMAG entwickelt und ab 1938 in größerer Stückzahl gebaut wurde, beschafft werden. Das Fahrzeug trägt noch die alten Aufschriften.

Am 2. Oktober 1982 konnte die Jungfernfahrt mit den B3yg- und BD3yg-Wagen der Rodgaustrecke (DB) auf der rund 4 km langen Industriebahn stattfinden.

Offenbach, ehemaliges Bahnbetriebswerk

Da der Schuppen des aufgelösten Bw Offenbach abgerissen werden soll, ist der Verbleib

Lokomotive E 52, bay. EP 5 Nr. 21 525, 152 025-3, 2'B B2', schwere Personenzuglokomotive der Gruppenverwaltung Bayern, gebaut 1924 von Maffei und WASSEG. Länge ü. P. 17 210 mm, Höchstgeschwindigkeit 90 km/h, hier als Heizlok im AW Frankfurt, Idsteiner Straße. Zustand im September 1982.

der 41 073, 41 226, 043 121 der Eurovapor und Privat ungewiß. Die 41 113 ist inzwischen nach Sinsheim ins Auto + Technik-Museum überführt.

Offenbach-Bieber

In der Schloßstraße vor der Gaststätte „Gärtnerruh" steht die B-Dampfspeicherlokomotive Nr. 1 der Griesheim-Elektron, gebaut 1912 unter der Fabrik-Nr. 11310 von Henschel.

Mühlheim am Main

Auf unserer Route weiter in Richtung Hanau finden wir auf der Südseite des Mains die Stadt Mühlheim. Im Bürgerpark hinter dem Hallenbad steht eine B-Feldbahnlokomotive, 600 mm, vom Typ Fabia, gebaut von Henschel im Jahre 1925, ex Kanalgesellschaft Bödicker, jetzt Intu-Bau, Frankfurt/M.

Jeweils eine der zwei Deutz-Diesellokomotiven der Stadtwerke Offenbach ist werktäglich im monatlichen Wechsel im Einsatz, um an je rund acht Stellen der Hafenbahn und der Industriebahn Wagen mit Schrott, Rohstahl, Mineralölen und Bitumen abzuholen oder beizustellen. Die Streckenlängen betragen je etwa 8 km bei einem Netz von insgesamt 20 km. Die Industriebahn kann nur durch Überfahren von DB-Gleisen erreicht werden. Diesel-Lokomotive Nr. 2 wurde von Deutz unter der Fabrik-Nr. 56435 gebaut. Schon mit dem Bau des Hafens und der im Jahre 1902 eingeweihten Hafenbahn entstand der Plan, auch die im Süden ansässigen Betriebe und den 1904 eröffneten Schlachthof an das Gleisnetz anzuschließen. Deshalb wurde in Höhe der Grenzstraße ein von der Staatsbahn abzweigendes 4 km langes Gleis in weitgeschwungenem Bogen durch den Offenbacher Süden bis etwa zur Sprendlinger Landstraße verlegt und eine Lokomotive beschafft. Aufnahme 22. April 1981.

Die 1435-mm-B-Dampfspeicherlokomotive Nr. 1 der Firma Griesheim-Elektron steht in Offenbach-Bieber in der Schloßstraße vor der Gaststätte „Zur Gärtnerruh". Sie wurde im Jahre 1912 von Henschel & Sohn in Kassel (Nr. 11310) gebaut. Durch die gute Pflege sieht man ihr das Alter kaum an. Es ist immer wieder beeindrukkend, daß mit gespeichertem Dampf Rangierfahrten durchgeführt werden konnten. Aufnahme 27. Dezember 1979.

Die 600-mm-B-Werkslokomotive VII, Henschel-Typ „Fabia", die vormals für die Firma Bödicker dampfte, steht heute in Mühlheim/Main auf dem Kinderspielplatz im Bürgerpark hinter dem Schwimmbad. Sie ist fast identisch mit der Werkslok der Firma Henschel, die in Bad Hersfeld in der Friedewaldstraße steht. Die Aufnahme der grellbunt bemalten Lok VII, die leider in keinem guten Zustand ist, entstand im April 1979.

Werkslok, gebaut von Gmeinder/Mosbach, im Werkseinsatz bei den Holzimprägnierwerken der Rütgerswerke AG, hier in Hanau, nahe dem Bw. Foto 16. November 1980.

Obertshausen bei Offenbach
Südlich von Mühlheim am Main und östlich von Offenbach finden wir Obertshausen. Hier steht in der Bieberer Straße, hinter den Häusern Nr. 11—17, die B-n2t-Dampflokomotive, 600 mm, Maschinenbauges. Heilbronn, Fabrik-Nr. 5812.

Hanau
In der Nähe des Bahnbetriebswerkes befinden sich die Holzimprägnierbetriebe der Rütgerswerke. Im Rangierdienst auf dem Werksgelände ist eine B-Diesellok eingesetzt, Hersteller Gmeinder, Mosbach (Baden).
Auf dem Vorfeld des Hauptbahnhofs Hanau steht als Heizlok die schwere elektrische Personenzuglokomotive 152 015-4 (EP 5 Nr. 21515), gebaut 1925 von Maffei und der AEG, F.-Nr. 5534/2934.

Hainstadt/Hanau
Südlich von Hanau liegt Hainstadt. Bei den Ziegelwerken Blumör II KG, Auf das Loh 6, bestand eine der letzten Feldbahnen Hessens zur Brennerei (Werksbetrieb seit 1980 eingestellt). Im Einsatz waren zwei Gmeinder B-Feldbahn-Dieselloks und Kipploren, Spurweite 600 mm. Sie dienen heute nur noch zu Privatfahrten der Familie.

Mainflingen bei Hanau
Die Basalt AG Linz, früher Bongsche Mahlwerke, bewahren südöstlich von Seligenstadt

die ehemalige Feldbahnlok Nr. 3 auf, die 1927 unter der Fabrik-Nr. 20874 von Henschel gebaut wurde.
Ein umfangreiches 600-mm-Feldbahnnetz, das zur Zeit seiner größten Ausdehnung eine Gleislänge von fast 28 km erreichte, hatten die Bongschen Mahlwerke früher. Es diente dem Transport von Sand und Ton aus den Gruben zum werkseigenen Hafen am Main und zu den Aufbereitungsanlagen oder zur Lkw-Verladung. Mit dem Abbau wurde etwa Mitte der zwanziger Jahre begonnen. Zunächst wurde der gesamte Betrieb mit Dampfloks durchgeführt, wofür ein Betriebswerk mit einem 15ständigen Ringlokschuppen mit Drehscheibe nahe der Landstraße Stockstadt — Seligenstadt errichtet wurde. Ferner waren eine zweiständige Außenstelle bei der Tongrube sowie ein dreiständiges Ausbesserungswerk zwischen dem Ringlokschuppen und dem Mainufer vorhanden. Hier waren jeweils Speisewasseranschlüsse installiert. Die Stammstrecke war eingleisig mit Ausweichstellen angelegt. Gegen Ende der dreißiger Jahre wurden erstmals Dieselloks beschafft, die überwiegend an den Abbaustellen im Einsatz waren und den Rangierdienst leisteten. Sie konnten auch die hier verlegten fliegenden Gleise befahren. Die Dampfloks waren hauptsächlich im Streckendienst eingesetzt.
Erwähnenswert sind die Kunstbauten: die Brücke über die Landstraße beim Betriebswerk, die Verladerampe am Main sowie die Rampen am Normalspuranschluß. Dieser 2,5 km lange Anschluß wurde vom Bahnhof Zellhausen über die Strecke Hanau — Babenhausen bedient. Ein Teil dieses Anschlusses ist 1977/78 von Mitgliedern des Deutschen Eisenbahn-Vereins demontiert worden, die Gleise fanden bei der Museumsbahn Bruchhausen — Vilsen Verwendung. Der Rest des Anschlusses wird heute noch durch ein anderes Werk benutzt.
In den Jahren zwischen 1950 und 1968 waren meist 8 Dampf- und 6 Dieselloks eingesetzt. Die Maschinen wurden auch mit anderen Betrieben der Bongschen Mahlwerke getauscht. Dem Transport dienten einseitig kippbare Holzloren, später auch Stahleinheitsloren.
1968 wurde ein Teil der Strecke aufgegeben, gleichzeitig endete der Dampfbetrieb. Im Jahre 1970 wurde auch dieser Restbetrieb eingestellt und der Transport von Lkw übernommen. Den Rangierbetrieb am Mainhafen hatten zuletzt zwei Dieselloks durchgeführt.
Das Schienenmaterial wurde an eine Schrottfirma verkauft und bis 1973 beseitigt; die Reste erhielten die Frankfurter Schmalspur-Freunde. Die Dampf- und Dieselloks wurden 1970 an Ort und Stelle zerlegt, erhalten blieb nur die Dampflok 3. Die Frankfurter Schmalspur-Freunde begannen 1976 mit einer Hauptuntersuchung. Diese wurde aber 1977 abgebrochen, als die Basalt AG Linz als Nachfolgerin der Bongschen Mahlwerke verfügte, daß die Lok als Denkmal aufgestellt werden sollte. Sie war seinerzeit an das Werk Rosenthal der Bongschen Mahlwerke geliefert worden. Diese Maschine vom Typ „Monta" kam 1930 nach Mainflingen.
Der Lokschuppen der Bongschen Mahlwerke mußte Ende Januar 1979 von den Frankfurter Schmalspur-Freunden geräumt werden, denn er stand auf abbauwürdigen Kiesvorkommen. Er strahlte eine Atmosphäre aus, wie sie auch in Anklam und Friedland geherrscht haben mag.
Wir müssen nun wieder auf die nördliche Uferseite des Mains und überqueren diesen bei Klein-Auheim/Groß-Auheim und fahren in Richtung Groß-Krotzenburg.

Groß-Krotzenburg

Rechts hinter der DB-Überführung in Richtung Kahl steht die Werkslok Nr. 2 der Preußischen Elektrizitätswerke AG, Borken. Die 900-mm-Dampflokomotive wurde 1946 unter der Fabrik-Nr. 25091 von Krauss-Maffei in München gebaut. Sie ist bemalt mit Kindermotiven. Auf Initiative der Mitarbeiter des Kraftwerkes Stau-

In Groß-Krotzenburg, hinter der DB-Überführung in Richtung Kahl, steht auf einem Kinderspielplatz die Werkslok Nr. 2 der Preußenelektra, Borken, Spurweite 900 mm, gebaut 1946 unter der Fabrik-Nr. 25091 von Krauss-Maffei, München. Zustand im August 1981.

Endpunkt der Kahlgrundbahn ist Bf. Schöllkrippen. Hier mit VB 167, B 29 und VT 54 aufgenommen am 9. Februar 1982. Jetzt laufen dort neue Triebwagen.

dinger wurde die kleine Lok vor der Verschrottung bewahrt.

Kahl am Main

Von Kahl aus führt die bereits zu Bayern zählende Privatbahnstrecke Kahl — Schöllkrippen (23 km) der Kahlgrund-Verkehrsgesellschaft mbH (Kursbuch 557). Für den Personenverkehr sind im Bestand dieser Bahn Schienenbusse, vierachsige Esslinger Triebwagen und zwei moderne Triebwagen der neuen Generation, Baujahr 1981, Waggon Union. Die Strecke Kahl — Schöllkrippen ist die Hausstrecke der Museumsbahn Darmstadt; hier finden Dampfsonderfahrten mit Maschinen und Personenwagen dieses Vereins statt. Zur Verstärkung werden Beiwagen der KVG im Zugverband mitgeführt. Als Zuglok wird zumeist „Susi" (Südzucker, Regensburg), die 98 727, eingesetzt. Sie wurde im Jahre 1903 unter der Fabrik-Nr. 2291 von Maffei gebaut. Die B'B-n4vt-Mallet-Dampflokomotive ist noch sehr lebhaft. Stationen der Kahlgrundbahn sind:

Kahl (Main)	0 km
Alzenau (Unterfranken)	5 km
Alzenau Burg	6 km
Kälberau	7 km
Michelbach (Unterfranken)	8 km
Niedersteinbach	12 km
Mömbris-Mensengesäß	15 km
Schimborn	17 km
Königshofen (Kahl)	19 km
Blankenbach	21 km
Schöllkrippen	23 km

Dampfzüge fährt gelegentlich die Deutsche Museumsbahn e. V., Darmstadt-Kranichstein, auf der Kahlgrundbahn (Kursbuch 557, Kahl – Schöllkrippen). Hier die berühmte „Zucker-Susi", fotografiert im April 1980 in Alzenau-Burg. Von 1942 bis 1971 war sie bei der Südzucker AG in Regensburg eingesetzt.

Wir fahren nun von Schöllkrippen, dem Endpunkt der Bahn, in Richtung Norden und kommen so über Gelnhausen nach Wächtersbach.

Wächtersbach

Am Empfangsgebäude, Bahnsteigseite, finden wir eine Gedenktafel zur Erinnerung an den im Jahre 1961 bei Wächtersbach erreichten 4000. Kilometer der Streckenelektrifizierung. Weitere Kilometersteine der fortschreitenden Elektrifizierung sind in Hessen und Saarland:
20. März 1967: 7000. Kilometer, erreicht in Lollar bei Gießen;
10. Mai 1967: 9000. Kilometer, erreicht in Mettlach an der Saar.
Auf Gleis 21 des Bahnhofs Wächtersbach beginnt auch die im Jahre 1901 eröffnete Kleinbahn der Kreiswerke Gelnhausen, Verkehrsbetriebe, zum 6,3 Kilometer entfernten Bad Orb. Die nunmehr zu den kürzesten Strecken der Bundesrepublik zählende Bahn wird auch künftig weiterbestehen. An der Haltestelle Aufenauer Berg entstand 1981 eine Straßenunterführung für kreuzungsfreien Verkehr. Den Fahrzeugbestand der Bahn bilden:
VL 11, C-Diesellok, 1958 MaK;
VL 12, C-Diesellok, 1958 MaK;
VL 13, C-Diesellok, 1960 MaK;
Wagen 19, 89 Plätze, 1959 Credé (vierachsig);
Wagen 20, 58/8 Plätze, 1959 Credé, mit Gepäckabteil.
Die kleine Bahn ist der Rest der einst über 80 km langen Gelnhäuser Kreisbahnen, die überwiegend zwischen 1951 und 1967 stillgelegt worden sind. Auch die Orber Bahn war lange ein Stillegungskandidat.
In Bad Orb befinden sich das große, 1925/26

Der Personenzug der Kleinbahn der Kreiswerke Gelnhausen GmbH, Wächtersbach – Bad Orb, aufgenommen am 17. Februar 1979.

gebaute Empfangsgebäude, der zweiständige Lokschuppen und ausgedehnte Gleisanlagen. Die Züge haben 50 km/h Höchstgeschwindigkeit mit der Lok voraus und 40 km/h bei geschobenem Zug. Beide Wagen haben ein Steuerabteil, was die Betriebsabwicklung sehr erleichtert. Telefon: (060 51) 8 41.

Rotes Moor, Rhön, bei Gersfeld

Etwas abseits von unserer hessischen Route liegt im Nordosten von Wächtersbach und Orb das Rote Moor. Hier betreibt eine Heiltorf-Gewinnungsanstalt eine 3,5 km lange Feldbahn in 600-mm-Spur. Im Einsatz an Werktagen im Sommer sind zwei Dieselloks.

Südöstlich von Frankfurt nehmen wir unsere Route durch Hessen wieder in Walldorf bei Groß-Gerau auf. Wir verlassen die Autobahn 5, Ausfahrt Zeppelinheim (US-Flughafen), und überqueren die Autobahn, um in südlicher Richtung (Darmstadt) bis nach Walldorf zu fahren.

Walldorf bei Groß-Gerau

Auf dem Spielplatz „Am Grundhof" steht eine 600-mm-B-Feldbahn-Diesellokomotive, 24 PS, gebaut von Orenstein & Koppel, Werk Nordhausen, im Jahre 1949 unter der Fabrik-Nr. 25007. Die motorlose offene Maschine war bei den Ziegelwerken Wenzel KG in Hainstadt/Hanau eingesetzt und zählte anschließend zum Bestand der Dampfbahn Rhein-Main. Sie wurde im Tausch gegen eine vorher dort aufgestellte Dampflok 1979 installiert. Den Besuch dieser traurigen kleinen Diesellok sollten wir uns ersparen.

Groß-Gerau, Südzucker

Im Bestand der Firma Südzucker in Groß-Gerau für den werksinternen Verkehr und Übergabeverkehr sind zwei Dieselloks vorhanden. Durch die angelaufene Übernahme der Produktion der Aktienzuckerfabrik Wetterau, Friedberg, kann sich der Bestand an Werkslokomotiven demnächst noch erhöhen. 1982 zählten zum Bestand:

Werkslok 3, 1971/26699, O&K, Typ MB170N;
Werkslok 4, 1963/57714, Deutz, Typ KG23OB.

Über die Bundesstraße 42 und weiter über Nebenstraßen erreichen wir Darmstadt-Kranichstein.

Eisenbahnmuseum Darmstadt-Kranichstein

Im ehemaligen Bahnbetriebswerk Darmstadt-Kranichstein ist die „Deutsche Museumseisenbahn" beheimatet. Das Eisenbahnmuseum ist jeweils an Sonntagen von 10 bis 16 Uhr geöffnet. Adresse: Kölner Str. 20b, 6100 Darmstadt; Telefon (0 61 51) 8 43 17. An jedem 1. Sonntag im Monat von April bis Oktober ist eine Dampflok angeheizt. Jeweils im Mai und im Oktober findet ein großes Dampflokfest statt. Im Bestand sind 12 Dampflokomotiven, 2 Diesellokomotiven (V 36), 14 Reisezugwagen, 3 Gepäck- und Postwagen, 1 Speisewagen, 7 Güterwagen. 1982 kam erstmals eine Ellok in den Bestand, die E 60 09.

Bereits zu einer Zeit, als sich das Ende der Dampflokzeit erst in der Ferne abzeichnete, schlossen sich Eisenbahnfreunde aus Darmstadt und Umgebung zum Verein Museumsbahn zusammen. Im Jahre 1970 erhielt ein Student als Hauptgewinn eines von der Bundesbahn durchgeführten Preisausschreibens eine Lokalbahn-Tenderlokomotive der Gattung GtL 4/4 (98 812), die gemeinsam mit den Ulmer Eisenbahnfreunden in gleichen Teilen erworben wurde. Später wurde jedoch der Darmstädter Anteil nach Ulm abgegeben.

Konsequent wurde in den folgenden Jahren die Sammlung weiter ausgebaut. Mit der Übernahme des ehemaligen Bahnbetriebswerkes Kranichstein hat der Verein eine passende Bleibe gefunden; Eröffnung war am 29. Mai 1976 unter reger Beteiligung der Bevölkerung. Zu den neuesten Plänen des Vereins gehört der Ankauf einer Strecke, nachdem die Überführungskosten von Kranichstein auf DB-Gleisen

Diesellokomotive im Einsatz bei der Südzucker AG in Groß-Gerau, hier die von Deutz am 6. August 1963 unter der Fabrik-Nr. 57714 ausgelieferte Maschine KG 230 B, mit Voith-Getriebe, kleinster befahrbarer Radius 60 m, Dienstgewicht 34 t. Foto November 1979.

An der DB-Strecke Darmstadt — Babenhausen (Kursbuch 552) liegt der Bahnhof Darmstadt-Kranichstein. Im gegenüberliegenden Bw ist nunmehr die Museumsbahn Darmstadt e. V. beheimatet. Aufnahme 29. April 1979.

zur Kahlgrundbahn anläßlich von Sonderfahrten nahezu nicht mehr einfahrbar sind.

Zum Bestand zählen:
B n2t, Nr. 1 „von Manteuffel", der Zschipkau-Finsterwalder Eisenbahn, ex Neuhoffnungshütte 1, Hohenzollern 1887/423;
B n2t, 1000-mm-Schmalspurlok der Ph. Holzmann AG, Kalkwerke Oetelshofen in Dornap, Betr.-Nr. 7, Henschel 1920/17784;
B-Speicherlok der BASF Ludwigshafen, Betriebs-Nr. 13, ex Chemiewerke Raschig Ludwigshafen, Hohenzollern 1911/2799;
D h2t der Deutschen Eisenbahn-Gesellschaft, Betriebs-Nr. 184 (davor 203), ELNA 6, Henschel 1946/25657;
1'D1'h2t der Kleinbahn Frankfurt — Königstein, FK 262, hinterstellt durch EUROVAPOR, Henschel 1954/25263;
1'C1'h2, 023 042-5, 23 042, Henschel 1954/28542;
1'D1'h2, 042 024-0, 41 024 Öl, Henschel 1939/24326;
1'E h3, 044 404-2, 44 404, Henschel 1941/26013;
1'D h2, Nr. 97 der Lübeck-Büchener Eisenbahn, dann 56 3007 der DRG bzw. DB, zuletzt Eschweiler Bergwerksverein, Carl-Alexander Nr. 4, Linke-Hofmann-Busch 1929/3128;
C n2t, Nr. 944 der Württ. Staatsbahn, ex DRG 89 339, ex Nr. 1 der Heidelberger Zementwerke, Esslingen 1901/3154;
C1'zzn4t, Zahnradlokomotive der Erzbergbahn 97 210, ex Österreichische Staatsbahn 69.10, Floridsdorf 1893/862;
B'B n4vt, Nr. 2527 der Kgl. Bayerischen Staatsbahn, dann DRG 98 727, zuletzt Südzucker AG Regensburg, Betr.-Nr. 4, Maffei 1903/2291;
1'Cw2u, elektrische Rangierlokomotive 160 009-7, E 60 09, AEG 1932/4705;
B-Diesellok, ex Kö 3504, ex Höchst AG Werk Albert, Wiesbaden, Gmeinder 1956;
C dh, V 36 401, Nachbau MaK 1950; 36 0010;
C dh, V 36 411, Nachbau MaK 1950.

Darmstadt, Straßenbahn

Wer sich für Straßenbahnen interessiert, findet in Darmstadt neben modernen Gelenktriebwagen noch die letzten zweiachsigen Trieb- und Beiwagen Hessens im Einsatz, insbesondere als E-Wagen zu Verkehrsspitzen, darunter übernommene aus Regensburg. Von Belang sind die Linie 3, Hauptbahnhof — Lichtenbergschule, und die Überlandlinie nach Jugenheim mit engen Ortsdurchfahrten. Die ältesten Fahrzeuge sind der Tw 37, jetzt Museums-Tw und der Tw 49, jetzt Kinderstraßenbahn mit Bw 132. Sie stammen aus den Jahren 1913 und 1914 von Gastell/SSW und sind am Böllenfalltor abgestellt wie auch der Schleifwagen Nr. 4, ex Tw 64, gebaut 1926 von Gastell/SSW. In Griesheim ist der Tw 57, 1926, gleichfalls von Gastell/SSW, als Rangier-Tw eingesetzt, und in Falkenstein steht der Tw 76, gebaut 1929 von MAN/SSW.
Die ersten Strecken einer Dampfstraßenbahn in Darmstadt wurden 1886 und 1890 vom Bachstein-Konsortium nach Griesheim, Eberstadt und Arheilgen eröffnet, eine elektrische Straßenbahn kam 1897 hinzu. Obwohl bereits 1913 für eine geplante Elektrifizierung der Außenstrecken 15 Trieb- und 10 Beiwagen beschafft wurden, zog sich kriegsbedingt dieses Vorhaben bis 1922 hin. Die Strecke nach Eberstadt wurde 1927 bis Seeheim und später bis Jugenheim verlängert. Ein Teil der innerstädtischen Straßenbahnen wurde zwischen 1960 und 1970 aufgegeben.

Darmstadt-Innenstadt

In der Adeligenstraße ist ein halber Wagenkasten des Triebwagens 68, gebaut 1929, ex Darmstädter Straßenbahn, als Eingang zu einer Diskothek verwendet worden.

Darmstadt, Bundesbahn-Ausbesserungswerk

An der Frankfurter Straße 114—116 liegt das Bundesbahn-Ausbesserungswerk. Auf dem Werksgelände, gleich hinter dem Werkseingang,

Während der Hauptverkehrszeiten setzt die Darmstädter Straßenbahn noch zahlreiche alte Trieb- und Beiwagen ein. Abgebildet Tw 19 (Rathgeber/SSW 1956, 22/72 Plätze) im Einsatz auf Linie 1 in Richtung Eberstadt. Foto März 1982.

In der Innenstadt von Darmstadt, in der Adeligenstraße, dient ein halber Wagenkasten des Tw 68 als Eingang zu einer Diskothek. Der ehemalige Tw 68 zählte zur Serie 68–79, gebaut 1929 von MAN/SSW, Leergewicht, 13,9 t, Länge 11 040 mm, 22/60 Plätze, Leistung 51 kW. Foto 24. Juni 1982.

Im Bundesbahn-Ausbesserungswerk Darmstadt in der Frankfurter Straße steht als Denkmal dieser zweiachsige Kohlenwagen der Preußischen Staatseisenbahn aus dem Jahre 1884. Der Wagen wurde hergestellt bei der Breslauer Actiengesellschaft für Eisenbahnwagenbau, die diese Wagengattung von 1865 bis 1905 in einer Gesamtstückzahl von rund 42 500 baute. Wagengattung Ork, Ladegewicht 10 000 kg, Ladefläche 12,8 m², Radstand 2800 mm, Höchstgeschwindigkeit 40 km/h. Dieser Wagen wurde zum Transport von Kohlen, Erzen und Ziegelsteinen eingesetzt. Er lief zu Anfang auf den Strecken Düsseldorf – Erkrath – Elberfeld und Duisburg – Oberhausen – Osterfeld. 1920 wurde er in den Güterwagenpark der Reichsbahndirektion Wuppertal übernommen. Foto 14. September 1979.

ist als Denkmal ein aus dem Jahre 1884 stammender offener Güterwagen (Ork) der Preußisch-Hessischen Staatsbahn aufgestellt. Der „BERLIN 38801" ist in allerbestem Zustand.

Gernsheim

Wir erreichen Gernsheim, südwestlich von Darmstadt, über die A 67. Die Hafenbetriebsgesellschaft (Gernsheim/Rheinhafen, Telefon (0 62 58) 33 33) betreibt zwischen Gernsheim Hafen und Gernsheim Bahnhof den Zubringer/Abholer zur DB. Der Gernsheimer Hafen hat bereits seit dem Jahre 1895 einen Gleisanschluß, die Waggons wurden jedoch über viele Jahre nur durch eine Rangierwinde bewegt. Im Jahre 1951 wurde vom Landesernährungsamt Hessen, Frankfurt, eine Diesellok erworben, die vorher beim ehemaligen Heeresverpflegungsamt in Gießen eingesetzt war. Seit diesem Zeitpunkt wird die Hafenbahn mit dieser Lok betrieben. Die Länge der Strecke beträgt 1,3 km, die Länge der Gleise 1,88 km. Insgesamt werden fünf Anschließer bedient. Die Lok hat folgende Daten: Hersteller Klöckner-Humboldt-Deutz, Typ OMZ 122, Baujahr 1940, Fabrik-Nr. 36831.

An der 32 km langen DB-Nebenstrecke Darmstadt – Heubach (Kursbuch 555) liegt Reinheim. Von hier verläuft parallel zur B 38 die noch verbliebene Strecke Reinheim – Großbieberau der Reinheim-Reichelsheimer Eisenbahn. Am Endpunkt steht der kleine Bahnhof Großbieberau, wo die letzte Diesellok dieser Privatbahn beheimatet ist. Die V 36, gebaut 1970 unter Fabrik-Nr. 26718 von Orenstein & Koppel im Werk Dortmund, war 1980 noch werktäglich im Güterverkehr-Einsatz. Foto 11. Dezember 1980.

Groß-Bieberau, Reinheim-Reichelsheimer Eisenbahn

Südöstlich von Darmstadt liegt Reinheim, der Anfangspunkt der ehemals bis Reichelsheim führenden, 1887 eröffneten Privatbahn. Von hier aus verläuft die Reststrecke parallel zur B 38 nach Groß-Bieberau zum kleinen malerischen Bahnhof. Im Einsatz ist noch eine Diesellokomotive mit der Betriebsnummer V 36, gebaut von Orenstein & Koppel unter der Fabrik-Nr. 26718. Der Abschnitt zwischen Groß-Bieberau und Reinheim wurde bereits im Jahre 1964 stillgelegt. Die Bahn gehört heute der Mitteldeutschen Hartsteinindustrie (früher: Odenwälder Hartsteinindustrie). Das Hauptaufkommen dieser Bahn ist demzufolge Schotter, insbesondere Bahnschotter für die BD Stuttgart, der vom etwa zwei Kilometer entfernten Bruch zur Verladestelle in Groß-Bieberau per Lkw gebracht wird. Daneben werden aber noch Stückgut angenommen und Düngemittel, Schrott und Kunststeine transportiert. Während der Rübenkampagne werden zusätzlich rund 250 Wagen abgerollt, die in Groß-Bieberau mittels einer fahrbaren Anlage beladen werden. Hinter dem Bahnhof ist noch ein fast ein Kilometer langes Gleis der ehemaligen RRE erhalten, das direkt hinter einer Bachbrücke endet. Ursprünglich bestand der Plan, eine Gleisverbindung zum Steinbruch zu schaffen, was aber aus Kostengründen unterblieb. Für den Foto-

Links: In Eppertshausen (bei Babenhausen) unterhält das Schamottewerk Blaschek eine 2 km lange 600-mm-Feldbahn. Im Einsatz steht eine B-30-PS-Diesellok, gebaut im Jahre 1942 unter der Fabrik-Nr. 3801 von Gmeinder in Mosbach (Baden). Foto September 1981.

Links unten: Eine ehemalige Feldbahnlokomotive (600 mm) der Baufirma Aumann steht als Denkmal vor deren Verwaltungsgebäude in Babenhausen. Die kleine Diesellokomotive, Baujahr 1938, war u. a. auch beim Bau von Bahntrassen eingesetzt. Sie wurde von Klöckner-Humboldt-Deutz unter Fabrik-Nr. 18199 gebaut; Typ MK 1188, Dienstgewicht 4,6 t, Leistung 24 PS. Foto 15. Mai 1979.

freund von Interesse ist der kleine Tunnel in Reinheim, der von zwei Straßenübergängen eingerahmt wird. Da die Züge jedoch zu wechselnden Fahrzeiten verkehren (zu erfragen in Groß-Bieberau Bf), ist einige Geduld nötig. Telefon: (0 61 62) 34 85.

Eppertshausen

Die Schamottewerke Blaschek betreiben in Eppertshausen in Spurweite 600 mm eine 2 km lange Feldbahn. Im Einsatz ist eine B-Diesellok, Gmeinder 1942, Fabrik-Nr. 3801.

Babenhausen

An der DB-Strecke Darmstadt — Aschaffenburg (Kursbuch 552) liegt Babenhausen. Hier steht als kleines Denkmal in der Darmstädter Straße 61 bei der Firma Aumann eine 600-mm-B-Feldbahnlok. Die sauber gelb lackierte Lok wurde 1938 unter der Fabrik-Nr. 18199 von Klöckner-Humboldt-Deutz gebaut. In der Empfangshalle im Verwaltungsgebäude der Fa. Aumann sind interessante Bilder und Gerätschaften aus dem Bahnbau ausgestellt.
Wir haben damit unsere Route durch Hessen beendet. Der Eisenbahnfreund wird anhand der Unterlagen sicherlich in der Lage sein, einen Reiseplan nach seinen eigenen Interessen aufzustellen.

Teil 2: Rheinland-Pfalz und das Saarland

Einleitung und Übersicht

Lokomotiv-Denkmäler und Spielplatzloks

In Rheinland-Pfalz und dem Saarland sind 23 Lokomotiven als Denkmäler oder als Spielplatzloks aufgestellt, wobei eine noch nicht aufgestellte bereits eingerechnet wurde. Zwei Spielplatzloks sind nicht enthalten, denn sie wurden von ihren Aufstellorten in Bliesmengen-Bolchen und Brebach-Fechingen mit unbekanntem Ziel abtransportiert. Hier eine kleine Statistik:

Spur	Bauart	Einsatzbahn			Anzahl Loks	
mm		Staats-	Privat-	Werks-	Dampf	Diesel
1435	B-Speicher			2	2	
1435	C n2t			5	5	
1435	1'C1'h2t	2 (BR 64)			2	
1435	2'C1'h3	1 (BR 01)			1	
1435	1'D1'h2t	1 (BR 86)			1	
1435	1'E h3	1 (BR 44)			1	
Summe Normalspur		5		7	12	
785	B n2t			4	4	
760	C n2t		1		1	
750	C n2t		3		3	
600	B n2t			1	1	
600	C n2t			1	1	
600	B-Diesel			1		1
Summe Schmalspur			4	7	10	
Summe		5	4	14	22	1

Die beiden Dampfspeicherloks finden wir in Ludwigshafen-Gartenstadt beim TÜV-Pfalz und in Bingen-Gaulsheim bei der Firma Richtberg. Von den fünf normalspurigen C-n2t-Werkslokomotiven waren vier im Saargebiet eingesetzt, davon zwei auf der Dillinger Hütte,

die nunmehr in Dillingen und in Bundenthal-Rumbach stehen, und zwei ehemalige Lokomotiven der Saarbergwerke; sie stehen in Völklingen-Fenne und in Ensdorf. Eine Lok ex Buderus steht in Daun. Die fünf Staatsbahnlokomotiven zählen zu den Baureihen 01^{10}, 44, 64 (zwei Exemplare) und 86; sie stehen in Bad Münster am Stein (zwei Lokomotiven), Elmstein, Konz und Trier.
Die Hüttenbahnen im Saarland waren vormals in 785-mm-Spur ausgelegt, eine ansonsten bei uns wenig übliche Spurweite. Vier Lokomotiven dieser Spurweite sind nachweislich erhalten, eine weitere könnte noch an einem unbekannten Ort sein. Die bekannten Aufstellorte sind Völklingen-Ludweiler, Völklingen, Burbach, nahe Autobahnabfahrt Landstuhl. Drei dieser Lokomotiven stammen von den Stahlwerken Röchling, die nunmehr bei Landstuhl auf einem Privatgrundstück aufgestellte Lok konnte noch nicht identifiziert werden. Die derzeit „verschollene“ Maschine stammt von der Halberger Hütte und war zuletzt in Bliesmengen-Bolchen, eine andere stand in Brebach-Fechingen.
Die 760-mm- und 750-mm-Lokomotiven stammen sämtlich von Privat- und Kleinbahnen, und zwar eine von den Kreis Kreuznacher Kleinbahnen (760 mm), nunmehr aufgestellt in Sobernheim. In 750-mm-Spur von der Kleinbahn Philippsheim-Binsfeld, aufgestellt in Binsfeld, eine Lok der Prignitzer Kleinbahn, importiert aus der DDR, nunmehr in Wöllstein bei den Betonwerken Jungk, und eine weitere aus der DDR gekaufte Lok, ex Rathenau-Senzke-Nauen, jetzt im Holidaypark bei Haßloch.
Eine 600-mm-Bn2t-Lok erinnert in Mayen an den Wiederaufbau der kriegszerstörten Stadt. Angaben zur C n2t (Hanomag), nunmehr aufgestellt in Sinzig (Ahr), konnten vor Redaktionsschluß nicht mehr ermittelt werden.
Einzige Diesellok auf dem Sockel ist die im Westerwald in Scheuerfeld von den Bong'schen Mahlwerken aufgestellte Diema-Feldbahnlok. Die beiden ältesten Loks finden wir in Binsfeld und in Haßloch, sie stammen aus dem Jahre 1899.

Museumsbahnen

Museumsbahnen haben sich in Rheinland-Pfalz und im Saarland bisher an zwei Orten etablieren können, nämlich in Merzig — Nunkirchen (20 km), Eisenbahnfreunde Losheim, auf der Merzig-Büschfelder Eisenbahn GmbH; und um Neustadt a. d. W. (DGEG-Museum Neustadt a. d W.) nach Bad Dürkheim, — Edenkoben, Grünstadt — Enkenbach.
Auf der Merzig-Büschfelder Eisenbahn verkehrte erstmalig 1982 die Kriegslokomotive 52 3504, nunmehr bezeichnet als GAR 5621 (CFL) der Groupement des Amis du Rail, Luxembourg. Die Losheimer Eisenbahnfreunde haben Kaufantrag gestellt, um von der Saarbergwerke AG die D-n2t-Lok SBW Nr. 34 zu erwerben. Es ist möglich, daß diese Lokomotive einmal einen Museumszug der Losheimer Eisenbahnfreunde zieht.
Die DGEG traktiert ihren Museumszug mit der V 36 127, ex D 18 der BASF Ludwigshafen. An Personenwagen-Oldtimern sind zwei württ. Ci, ein Ci-28 und ein Cd-21 im Einsatz.
Betriebsfähige Lokomotive in Neustadt ist die BERG, ex bay. D VI, ex Torfwerke Raubling. Die zum Bestand der DGEG Bochum-Dahlhausen zählende 89 7159 war in den letzten Jahren auf der Strecke Achern — Ottenhöfen eingesetzt. Aufgrund Fehlens einer Privatbahnstrecke im Umfeld von Neustadt und des Dampfverbots der DB kann bei der DGEG der Museumszug nur von der V 36 traktiert werden. Ob in späteren Jahren einmal ein Dampfbetrieb auf der Strecke Lambrecht — Elmstein oder auf der Wasgaubahn eingerichtet wird, ist unbestimmt. Auch über einen Museumsbetrieb auf der Westerwaldbahn wurde schon gesprochen.
Der jeweils an Samstagen im Sommer durchgeführte Personenverkehr mit dem VULKAN-EXPRESS ist eher einem Ausflugsverkehr zu-

zuordnen. Der zwischen Brohl und Engeln eingesetzte VB 50, entstanden aus einem Benzoltriebwagen, später Holzvergaserantrieb, ist aber durch die Innenausstattung nicht ausgesprochen museal. Aufgrund der interessanten Streckenführung dieser 1000-mm-Schmalspurbahn mit Steilrampen (ehemals Zahnradbetrieb), Tunnel und Viadukt durch die schöne Landschaft der Vulkaneifel ist eine Fahrt durchaus empfehlenswert. Telefon: (0 26 33) 3 87.

Eisenbahn-Museen

Auf unserer Route finden wir ein Eisenbahn-Museum, das der DGEG in Neustadt (Weinstraße). Es entstand aufgrund eines bei der Mitgliederversammlung der Deutschen Gesellschaft für Eisenbahngeschichte am 19. April 1968 gefaßten Programms. Die seinerzeit in Nürnberg aufgestellten Grundsätze, durch Beschaffen historischer und moderner Fahrzeuge einen repräsentativen Querschnitt der Entwicklung der deutschen Eisenbahnen zu veranschaulichen, sind heute weitgehend verwirklicht. Die Fahrzeuge sind auf drei Museen verteilt:

Bochum-Dahlhausen im ehemaligen Bw;

Viernheim in der ehemaligen OEG-Wagenhalle (Schmalspur);

Neustadt (Weinstraße) im ehemaligen Bw.

Das Eisenbahnmuseum Neustadt wurde am 27. September 1981 von einer Fahrzeugsammlung zum Eisenbahnmuseum erhoben. Das Museum befindet sich in der Schillerstraße gegenüber dem prächtigen Staatsbahnhof. Der Lokschuppen zählt zu Deutschlands ältesten Eisenbahngebäuden. Die Öffnungszeiten sind jeweils an Sonntagen von 10 bis 13 Uhr. Auskünfte erteilt Horst Kayser, Hindenburgstraße 12, 6730 Neustadt/Weinstraße, Telefon (0 63 21) 35 72 oder (0 63 25) 86 26.

Den Ort Viernheim mit dem dortigen Museum der DGEG in der ehemaligen OEG-Wagenhalle könnten wir auf unserer Route zwischen Ludwigshafen und Worms über die Autobahn E 6 erreichen. Obgleich Viernheim zu Hessen zählt, wurde zur Darstellung von möglichst zusammenhängenden Reiserouten auf eine Aufnahme in diesen Band verzichtet. Da ein Pfeiler der Wagenhalle zu Baden-Württemberg zählt, ergibt sich hier eine weitere Begründung für die Aufnahme in einem folgenden Band. Die V 36 wurde unter Werksloks eingeordnet, sie war niemals im Bestand der DR oder DB. Der Triebwagen VT 12 der Meppen-Haselünner Eisenbahn, Typ Aachen-Talbot, ist inzwischen verschrottet. Ältestes Original ist die noch betriebsfähige BERG aus dem Jahre 1883; die „Pfalz" ist ein Nachbau von 1925 durch das AW Weiden.

Privat- und Landesbahnen, Hafenbahnen

In Rheinland-Pfalz und im Saarland sind nachstehende Bahnen noch im Betrieb:

Stadtwerke Koblenz GmbH, Hafen- und Bahnbetrieb, Rheinanschlußbahn, Streckenlänge 6,3

Bestand an Triebfahrzeugen des DGEG-Museums in Neustadt

Bahnen	Staats-	Privat-	Werks-	Gesamt
Dampflokomotiven	7		1	8
Diesellokomotiven			1	1
Elektrolokomotiven	4			4
Triebwagen	1	1		2
Summe	12	1	2	15

km, Werkstatt: Koblenz, Schönbornluster Str. 95, Normalspur, Streckeninbetriebnahme 3. Mai 1929.
Stadtwerke Andernach GmbH, Hafenbahn, Streckenlänge 4,5 km, Betriebseröffnung 1922, Normalspur.
Brohltal-Eisenbahngesellschaft mbH, Hafenbahn und Strecke von Brohl nach Weibern, Streckenlänge 2,0 km + 20,2 km, Werkstatt in Brohl-Lützingen, Spurweite 1000 mm, Streckeninbetriebnahme 1901.
Moselbahn-Gesellschaft mbH, Trier, Restgleis Trier Nord — Ruwer West, Streckenlänge 4,6 km. Merzig-Büschfelder Eisenbahn GmbH, Strecke Merzig — Nunkirchen, Streckenlänge 19,9 km, Werkstatt in Losheim, Normalspur, Streckeninbetriebnahme 1903.
Birkenfelder Eisenbahn GmbH, Strecke Birkenfeld — Neubrücke (Nahe), Streckenlänge 5,3 km, Normalspur, Streckeninbetriebnahme 1880.
Rhein-Haardtbahn GmbH, Bad Dürkheim, Strecke Bad Dürkheim — Oggersheim, Streckenlänge 16,4 km und weiter bis Mannheim Hbf (11,3 km) über die Strecken der Ludwigshafener und der Mannheimer Verkehrsbetriebe, Werkstatt in Bad Dürkheim, Spurweite 1000 mm, Streckeninbetriebnahme 1913.
Stadtwerke Worms, Hafen- und Industriebahn, Hafenstraße, Streckenlänge 20,5 km, Werkstatt in Worms, Hafenstraße, Normalspur, Streckeninbetriebnahme ab 1891.
Westerwaldbahn, Strecken Scheuerfeld — Bindweide — Oberdreisbach (18,4 km) und Bindweide — Rosenheim (3,1 km), Werkstatt in Bindweide, Normalspur, Streckeninbetriebnahme 1913.
Verkehrsbetriebe Ludwigshafen, gemeinsames Straßenbahnnetz mit den Mannheimer Verkehrsbetrieben und der Rhein-Haardtbahn.

Kleine Analyse der Fahrzeuge von Privat- und Landesbahnen: Im Besitz von Privat- und Landesbahnen waren 1982 rund 19 Diesellokomotiven der Jahre 1954 bis 1965 in Betrieb. Ein Personenverkehr, wenn man vom samstäglichen Ausflugsverkehr der Brohltalbahn und dem Museumsbetrieb auf der Merzig-Büschfelder Eisenbahn einmal absieht, existiert nur noch auf der elektrischen Rhein-Haardtbahn. Die restlichen Bahnen betreiben nur noch Güterverkehr, bedienen Anschlußgleise oder übernehmen Rangierdienste. Außer bei der Brohltalbahn existieren keinerlei Wagen mehr bei diesen Bahnen, ausgenommen einzelne nicht mehr betriebsfähig abgestellte Güterwagen.

Feld-, Gruben-, Hütten- und Werksbahnen

Im Teil „Hessen“ war es noch möglich, Feldbahnen, Grubenbahnen und Werksbahnen mehr oder minder detailliert zu erwähnen. Insbesondere im Saarland mit seinen zahlreichen Bahnen dieser Kategorie und teilweisen Zutritts- und Fotografierproblemen hätte dies den gegebenen Rahmen gesprengt. Die Möglichkeiten, Auskünfte zu erhalten, sind zudem sehr gering. So verdanke ich Hinweise und detaillierte Angaben besonders über die letzten Dampflokomotiven an der Saar Ing. W. Goy, der dazu zahlreiches Bildmaterial beisteuerte. Aber auch bei der Auflistung der vorhandenen Werksbahnen, heute mit Dieselbetrieb, war er behilflich.
Ganz allgemein ist zu sagen, daß Werks- und Übergabeverkehre mittels werkseigener Lokomotiven hauptsächlich im Saarland betrieben werden, was in der Natur der Sache liegt; diese Werke sind gezwungen, ihre Produkte per Bahn zu befördern. Übergabe- und Werksverkehr an den unterschiedlichsten Punkten betreiben vor allem die Saarbergwerke.

Bahnbetriebswerke und Ausbesserungswerke

Bahnbetriebswerke der DB waren in Rheinland-Pfalz und im Saarland 1982 die Bw Betzdorf, Kaiserslautern, Koblenz-Mosel, Landau (Pfalz), Saarbrücken, Trier und Worms.
Ein Ausbesserungswerk finden wir in Trier; hier

steht als Denkmal die 86 457. Aus Gründen einer zusammenhängenden Route wurden Mainz-Hauptbahnhof und Mainz-Bischofsheim unter Hessen aufgeführt.

Brücken und Kunstbauten

In Boppard finden wir die steilste DB-Strecke, eine ehemalige Zahnradstrecke zwischen Boppard und Buchholz.

Zwischen Cochem und Ediger-Eller befindet sich der längste Tunnel der DB, der 4203 m lange Kaiser-Wilhelm-Tunnel. Bei Bullay führt eine doppelstöckige Straßen-/Schienenbrücke über die Mosel. Besichtigenswert ist auch der Viadukt an der Pündericher Bergwand mit einer Länge von 786 Metern und 92 gewölbten Bogen. Die landschaftlich schönsten Strecken finden wir natürlich an Rhein und Mosel.

Mehrfrequenz-Lokomotiven und Wechsel der Stromsysteme im Übergang SNFC — DB

Nicht einzeln bei der Reiseroute erwähnt wurden die Orte, wo wir Mehrfrequenz-Lokomotiven der DB oder Maschinen der SNCF finden. Diese Lokomotiven der DB-Baureihen 181, 182 und 184 sind für den Einsatz in Frankreich und Luxemburg bestimmt, wo die Einspeisung mittels 25 kV Wechselstrom, 50 Hz, gegenüber dem DB-Netz mit 15 kV und 16 2/3 Hz erfolgt. Derartige Maschinen finden wir im gesamten Saarland, auf der Moselstrecke oder über die Rheinstrecke bis nach Frankfurt. Von besonderem Interesse sind jedoch für den Eisenbahnfreund die Grenzbahnhöfe mit Lokwechsel und mit Maschinen der SNCF sowie den CC-Loks 14.001—025, den „Krokodilen“, von denen bereits die ersten ausgemustert wurden (Valenciennes/Lille Nord), oder den Krokodilen der BB-Serie 12.000 (Metz-Mohon), fallweise der BB-Serie 13.000 (Bw Strasbourg). Hierzu sollten wir nach Forbach SNCF oder auch zum DB-Grenzbahnhof Überherrn fahren. In Forbach werden die Güterzüge Metz — Saarbrükken nicht durchgehend mit Zweifrequenzloks befahren (Lokwechsel), nur die D-Züge fahren teilweise mit DB-Loks nach Metz.

Die Strecken der Mehrfrequenzloks sind vor allem Strasbourg — Kehl, Wasserbillig — Luxembourg — Koblenz, Trier — Apach sowie Saarbrücken — Forbach — Metz. Die Einsätze sind durch folgende Wendebahnhöfe begrenzt: Frankfurt, Mannheim/Heidelberg, Metz, Wiesbaden, Koblenz, Trier, Luxembourg und Apach, Saarbrücken, Strasbourg, Stuttgart. Die vier Loks der Baureihe 184 (184 001—003 und 112) werden nur noch unregelmäßig eingesetzt und stehen im Bw Ehrang (184 111 ist Ersatzteilspender in Opladen).

Zwischen den Saarbergwerken AG und den Houilléres du Bassin de Lorraine (HBL) sowie der Electricité de France (EdF) bestehen kommerzielle Beziehungen. Nachdem die Kohlenbezüge infolge Import aus Polen und den USA früher rückläufig waren, ist durch ein neues Abkommen ab 1978 der Absatz der Saarbergwerke nahezu verdoppelt worden (1,6 Millionen t 1978). Die für Kohlekraftwerke bestimmte Steinkohle wird hauptsächlich ab Grube Ensdorf mittels Blockzügen über Forbach (SNCF) nach Woippy bei Metz gefahren. Für den Transport werden einheitliche Spezialwagen mit Bodenentleerung gestellt. Der Transport der Leerwagen geht über Bouzonville (SNCF) und Dillingen nach Ensdorf. Im Einsatz auf deutscher Seite sind aufgrund der unterschiedlichen Stromsysteme Mehrsystemlokomotiven. Wegen der Steigungsverhältnisse auf der Hauptstrecke Saarbrücken — Forbach ist Vorspann vorgeschrieben. Die 2175 t beförderte Kohle pro Zug ergeben ein Gesamtzuggewicht von 3130 t. Die Systemtrennstelle an der Staatsgrenze Stiring — Wedel wird ohne Halt durchfahren. Ab Forbach werden die schweren EdF-Züge von SNCF-Elloks weiterbefördert. Übrigens sind die Wagen Eigentum der EdF, Hersteller war Arbed.

Ein Express Saarbrücken – Strasbourg, hier im Bf. Sarreguemines/SNCF, der Autorail XRAB 8429. Foto W. Goy, August 1980.

Mehrsystemloks 181 001 und 182 021 vor EdF-Zug 47570 (3100 t) der Grube Ensdorf. Foto W. Goy, 18. Mai 1980.

Eine Rundreise durch Rheinland-Pfalz und das Saarland für Eisenbahnfreunde

Nachdem wir Mainz und Budenheim aus Gründen der zusammenhängenden Route im „hessischen Teil" nach Wiesbaden brachten, beginnen wir unsere Reise durch Rheinland-Pfalz und anschließend durch das Saarland zuerst auf dem Gelände der Firma Holzverarbeitung Richtberg in Bingen-Gaulsheim.

Bingen-Gaulsheim

Dieses Werk verfügt über drei Lokomotiven:
B-Dampfspeicherlok, 1435 mm, O & K 1923/10263;
Diesellokomotive, 1435 mm, Esslingen 1955;
B-Diesellokomotive Nr. 2, 1000 mm, Gmeinder 1950.
Die Dampfspeicherlok steht aufgebockt, die übrigen Loks sind im Einsatz.

Stromberg

Auf gleicher Höhe wie Bingen, westlich der Autobahn 61, liegt Stromberg. Dort finden wir beim Kalkwerk zwei Diesellokomotiven von 1435 mm Spurweite und bei der Brotfabrik Wenzheimer eine weitere Diesellokomotive, 1435 mm, Erbauer Schöma.
Von hier ist es nicht weit nach Bad Münster am Stein, Wöllstein oder Sobernheim — wir wollen jedoch auf unserer Rundreise in Richtung Norden weiterfahren. Um die linksrheinische Hauptbahn zu sehen, fahren wir am Rhein ent-

In Bingen-Gaulsheim betreibt die Holzverarbeitung Richtberg eine 1000-mm-Werksbahn, hier Lok 2 (Gmeinder, 1950) im September 1979.

lang. Wenn wir Glück haben, begegnen wir dem „Airport-Express“. Wenn wir vorher im „Flugplan“ nachgeschaut haben, können wir unterstellen: etwa eine Stunde nach Abfahrt in Frankfurt oder Köln durchfährt er die Gegend um Oberwesel.

Boppard

Von Boppard aus nach Simmern in den Hunsrück führt die steilste Strecke (Steigung 6,99 Prozent) der Deutschen Bundesbahn, eine ehemalige Zahnradstrecke mit Tunnels und Viadukten.

Im Schülerverkehr sind hier zwei buntbemalte Schienenbusse VT 98 eingesetzt. Der erste 6 Kilometer lange Streckenabschnitt von Boppard bis Buchholz ist sogar im „Guinness-Buch der Rekorde“ verzeichnet: Auf 100 Meter steigt die Strecke (KBS 605) um fast 7 Meter. Wir fahren dann weiter nach Norden bis Koblenz.

Koblenz

Südlich von Koblenz an der B 9 und an der Kursbuchstrecke 600 hat die Brauerei Königsbacher ein paar alte brauereieigene Kühlwagen abgestellt.

In Koblenz-Lützel besteht seit 1929 eine 6,3 km lange Verbindung innerhalb des Industrie- und Hafengebiets am Rhein als Anschluß zur DB. Im Einsatz sind zwei Dieselloks der Stadtwerke Koblenz GmbH, Hafen- und Bahnbetrieb, Rheinanschlußbahn (Unterm Stern 6, 5400 Koblenz, Telefon (02 61) 8 19 41). Die Werkstatt befindet sich in der Schönbornluster Straße 95. Die normalspurigen Diesellokomotiven Nr. 2 und 3 gehören zum Typ AA8M517 von Klöckner-Humboldt-Deutz, gebaut 1956/56436 und 1956/56518.

Weiter rheinabwärts gelangen wir nach Andernach.

Bahnhof Buchholz (Hunsrück), der Endpunkt der mit 6,99 Prozent Steigung sogar im Guinness-Buch der Rekorde verzeichneten Steilstrecke von Boppard (Rhein) nach Buchholz und weiter nach Simmern. Foto März 1981.

Südlich von Koblenz, an B 9 und Kursbuchstrecke 600, hat die Königsbacher Brauerei ihre alten Kühlwagen abgestellt. Foto August 1982.

Im August 1982 stand dieses Rangiergerät (Westdeutsche Maschinenfabrik GmbH, Liblar, Deutz-Motor, Baujahr 1939), bezeichnet als Nr. 1, äußerlich aufgearbeitet in Brohl (Rhein) auf einem Tieflader.

Betriebsmittelpunkt der Brohltal-Eisenbahn (1000 mm) ist Brohl (Rhein). In der bahneigenen Werkstatt werden gerade zwei der insgesamt vier C-Dieselloks gewartet. (D 1, O & K 1965/26528 und D 4, MaK 1959/401029). Foto Herbst 1981.

Andernach

Die Stadtwerke Andernach GmbH, Hafenbahn (Uferstraße 17, 5470 Andernach, Telefon (0 26 32) 4 40 11) betreiben hier eine 4,5 km lange Hafenbahn. Im Bestand ist eine Diesellokomotive für 1435 mm Spurweite. Von Andernach aus ist es nur ein Katzensprung nach Brohl.

Brohl

Brohl ist Sitz der Brohltal-Eisenbahngesellschaft mbH (Bahnhofstraße 11, 5747 Brohl-Lützingen 1, Telefon (0 26 33) 3 87). Die BEG betreibt im Hafen den Rangierbetrieb (2,0 km) auf Zweispurgleisen (1000 mm/1435 mm), d. h., die 1000-mm-Schmalspurlokomotiven bewegen normalspurige Wagen. Vom Hafen aus erreicht die BEG mit einer Spitzkehre und einer über die DB-Gleise führenden Brücke den anderen Streckenabschnitt. Hier befindet sich auch die Werkstatt. Die ursprünglich bis Kempenich führende Bahn endet heute in Weibern (20,3 km). An Triebfahrzeugen sind im Bestand:

C-Diesellok D 1 O & K, 1965/26528;
C-Diesellok D 2 O & K, 1965/26529;
C-Diesellok D 3 O & K, 1966/26623;
B'B-Diesellok D 4 Maschinenbau Kiel, ex Auricher Kreisbahn, 1959/401029.

In den Sommermonaten Juli bis September verkehrt an Samstagen der VULKAN-EXPRESS zwischen Brohl und Engeln (19 km). In der Regel ist davor die D 4 im Einsatz, die den VB 50, einen als Beiwagen umgebauten Benzoltriebwagen, gebaut 1924 von den Deutschen

Werken Kiel, traktiert. Dieser Beiwagen wurde 1936 zum Streckenbereisungswagen degradiert. Die Diesellokomotiven D 1 bis D 3 sind baugleiche 300-PS-Lokomotiven, die D 4 hat 2 x 200 PS. Weiterhin sind noch zahlreiche Güterwagen bunt gewürfelt auf dem Gelände am Rheinufer (noch vor der Uferstraße) und auf dem Betriebsgelände gegenüber dem DB-Bahnhof abgestellt. Auf Bf Brohl selbst sind stets zahlreiche Spezial-Selbstentladewagen zu sehen. An Werktagen transportiert die BEG Lava und Phonolith, jeweils in Ganzzügen mit je zehn Wagen. Nummern:

451—458, Omm, 1958 Brüninghaus, ex Bayerbahn Leverkusen;

521—532, 00t, 1960 Schwefer, Neubauten;

501—512, 00t, 1960, ex Bayerbahn Leverkusen.

Übrigens haben die Diesellokomotiven für den Verschub von normalspurigen Wagen seitlich versetzte Puffer. Früher herrschte auch hier Zahnradbetrieb.

Sinzig/Ahr

Noch weiter nördlich am Rhein liegt Sinzig. Hier steht vor dem Einkaufszentrum, etwa 2 km südlich vom DB-Bahnhof, eine C-n2t-Dampflokomotive von der Hanomag. Über die Autobahn 61 in südlicher Richtung und ab Abfahrt Mendig oder Kruft erreichen wir Mayen.

Mayen

Zur Erinnerung an den Wiederaufbau der im Kriege zerstörten Stadt Mayen steht gegenüber dem Brückentor eine ehemalige Trümmerlok, eine Leihgabe der Baufirma Diederich. Es ist eine B-n2t-Dampflokomotive, 600 mm, von Orenstein & Koppel 1921/9244. Nach dem Kriege, als die Stadt Mayen zu über 90 Prozent in Trümmern lag, wurde sie bis 1948 zu deren Beseitigung eingesetzt. Die Restaurierung erfolgte in über 500 Stunden freiwilligen Einsatzes der Eisenbahner vom Bw Mayen. Über die Autobahn 48 fahren wir nun bis Abfahrt Daun.

Rechts: Zur Erinnerung an den Wiederaufbau der stark zerstörten Stadt Mayen wurde gegenüber dem Brückentor diese 600-mm-B-n2t-Feldbahnlok (O & K, 1921/9244) aufgestellt, die auf der Trümmerbahn im Einsatz stand.

Rechts unten: Im Ferienpark Daun/Eifel finden wir die Werkslok IV der Buderus'schen Eisenwerke, Wetzlar (Hanomag, 1917/8297). Die Schilder befinden sich bei der Museumsbahn in Kranichstein. Übrigens: die BUDERUS II besichtigten wir bereits in Wetzlar. Foto März 1981.

Daun

Dort finden wir den Eifel-Ferienpark bei Daun und die C-n2t-Dampflokomotive „HERBY“, von Hanomag 1917/8927, ex BUDERUS IV, Wetzlar, später Werk Staffel; 1967 Geschenk an den Rüdesheimer Lehrer Strothjohann, abgestellt in Rüdesheim, Gaswerke; 1974 Leihgabe an die Museumsbahn Darmstadt-Kranichstein; 1977 verkauft an Dr. Ebertz, aufgestellt im Eifel-Ferienpark.

Übrigens befindet sich das Fabrik-Schild noch in Darmstadt-Kranichstein.

Zurück über die Autobahn 48 bis Abfahrt Cochem und in Richtung Süden über die B 258 kommen wir nach Cochem an der Mosel.

Cochem/Mosel

Zwischen Cochem und Ediger-Eller befindet sich der längste Tunnel der Deutschen Bundesbahn, der 4203 m lange Kaiser-Wilhelm-Tunnel mit imposantem Portal mit großem Steinadler (Durchschlag Mai 1877, eröffnet Mai 1879). Fotogen ist auch der dortige Bahnhof. Weiter die Mosel aufwärts liegen **Bullay,** mit der doppelstöckigen Straßen-Schienenbrücke über die Mosel, und **Pünderich,** wo an der Pündericher Bergwand die Bahn, aus einem Tunnel kommend, über einen an den Berg geschmiegten Viadukt von 786 Metern Länge auf 92 gewölbten Bögen fährt.

PFEIFFER

An der 1879 eröffneten Strecke zwischen Niederlahnstein (Koblenz) und Trier, der „Moseltalbahn“, liegt Cochem. Nicht nur der Kaiser-Wilhelm-Tunnel (4203 m) ist fotografierenswert, auch der Bf Cochem ist ein nostalgisches Schmuckkästchen. Foto 15. Mai 1982.

Bei Bullay führt diese Doppelstock-Kastenbrücke (Straße/Schiene) über die Mosel. Ein von einer Zweisystem-Elektrolok gezogener Nahverkehrszug überquert die Brücke in Richtung Koblenz; November 1981.

Der 786 m lange Viadukt an der Pünderícher Bergwand besteht aus 92 gewölbten Bogenöffnungen. Vor der Tunneleinfahrt in Richtung Koblenz ein Zug mit Zweisystemlok der Reihe 181.

Zu den landschaftlich schönsten Strecken der Bundesrepublik zählt die 126 km lange Moseltalbahn Koblenz — Trier — Wasserbillig, Kursbuch 620. Die heute elektrifizierte Strecke war einmal strategisch wichtigstes Bindeglied zwischen der Reichshauptstadt Berlin und den Festungen Diedenhofen (Thionville) und Metz. Zwischen Koblenz und Bullay verläuft die Strecke im Moseltal durch die Weinberge oder eng an den Fels geschmiegt und durch die vielen kleinen Orte mit weltbekannten Namen. Neben der schönen Landschaft lassen die zahlreichen Kunstbauten das Herz des Eisenbahnfreundes höherschlagen.

Bei **Pünderich** verläßt die Strecke das Moseltal und führt weiter bis Trier durch die Vorberge der Eifel. Die Moselstrecke ist eine starkbefahrene Linie. Neben den Reisezügen, zum Teil bespannt mit Zweifrequenzloks, sind zahlreiche Güterzüge auf der Strecke; hier sind besonders die mit Vorspann traktierten Erzzüge mit bis zu 4000 t erwähnenswert.

Nach dem Besuch der Porta Nigra in Trier und anderer geschichtsträchtiger Sehenswürdigkeiten zieht es den Eisenbahnfreund mit „freudiger Zustimmung der Familie“ vielleicht ins Ausbesserungswerk an die Eurener Straße 55 bis 57, um die dort als Denkmal abgestellte 86 457 im Bild festzuhalten.

Trier, Moselbahnhof

Die Moselbahn-Gesellschaft mbH (Schönbornstraße 7, 5500 Trier, Telefon (06 51) 2 10 75) betreibt auf einem 4,6 km langen Restgleis des „Saufbähnchens“ zwischen Trier-Nord und Ruwer-West einen Zustell- und Abholdienst. Im

Bestand sind die Diesellok V 42 und die V 64. Nachdem das Tanklager im Bf Trier aufgelöst wurde und die Schrottfirma Steil zum Trierer Hafen abwanderte, war 1979 die V 64 an eine Privatbahn in Norddeutschland verliehen.

Trier, Bundesbahn-Ausbesserungswerk

In der Eurener Straße 59 im AW steht die 1'D1'h2t-Dampflokomotive 86 457, als Denkmal innerhalb des Werkgeländes. An Sonn- und Feiertagen ist ein Besuch mit Schwierigkeiten verbunden; wenn der Pförtner auf seinem Kontrollgang ist, kann das Einlassen sich verzögern. Die Denkmalslokomotive wurde 1942 unter der Fabrik-Nr. 442 von der Deutschen Waffen- und Munitionsfabrik in Posen gebaut und am 29. November 1942 an die Reichsbahn ausgeliefert. Aus heute unbekannten Gründen erfolgte die Abnahme erst am 11. Februar 1943. Durch Verlust des Original-Betriebsbuches können über die ersten Betriebsjahre keine Angaben gemacht werden. Das Ersatzbuch beginnt ab 1. Mai 1945 mit folgenden Eintragungen:

1. 5. 1945—	7. 5. 1948	Ingolstadt
8. 5. 1948—	18. 6. 1949	Mühldorf
21. 8. 1949—	4. 12. 1949	wieder Ingolstadt
11. 2. 1950—	6. 10. 1950	Rosenheim
7. 10. 1950—	12. 5. 1951	wieder Mühldorf
13. 5. 1951—	15. 4. 1969	Kaiserslautern
16. 4. 1969—	6. 3. 1972	Nürnberg Rbf

Die nunmehr als 086 457-9 bezeichnete Maschine wurde am 15. August 1972 ausgemustert; infolge eines Rahmenrisses war eine wirtschaftliche Ausbesserung nicht mehr gegeben. Sie wurde am 9. September 1974 nach einer Laufleistung von 865 000 km als Denkmal im AW Trier aufgestellt. Bis auf einen etwas verblaßten Farbanstrich ist die Maschine noch in bestem Zustand.

Ende 1982 berichteten Eisenbahnmagazine über eine spektakuläre Entdeckung im AW Trier.

Das AW Trier besteht seit dem 1. Juli 1911 und bessert heute Güterwagen der schweren Schadgruppen aus. Zur Erinnerung an die Zeiten der Unterhaltung von Dampflokomotiven steht hier seit dem 9. September 1974 die 86 457 (DWM, 1942/442). Foto K. Merz, 27. Juli 1979.

Ein Experte stellte fest, das ehemalige Kranprüfgewicht zähle zur BR 53. Es handele sich um die im Jahre 1885 unter der Fabrik-Nr. 1759 von Hanomag gebaute preuß. G 4 mit Innensteuerung (Musterblatt M III-3). Die Betriebsnummern dieser Lokomotive lauteten: 1100 Cöln linksrheinisch, ab 1. April 1895; 1100 Saarbrücken, ab 1899: 1021 Saarbrücken und ab 1906: 3143 Saarbrücken. Die Maschine ist bereits in Aufarbeitung und wird Ausstellungsobjekt zum Jubiläum „150 Jahre Eisenbahn in Deutschland".

Binsfeld bei Bitburg (Eifel)

In Richtung Norden, über die Bundesstraße 51, müssen wir nun einen Umweg in Kauf nehmen, wenn wir in Binsfeld die Dampflokomotive Nr. 2 der Kleinbahn Philippsheim-Binsfeld (stillgelegt am 9. August 1965, Gleise Ende der sechziger Jahre abgetragen) besichtigen wollen, die seit 1968 bei der Amtsverwaltung als Denkmal steht. Es ist eine C-n2t-Dampflokomotive, 750 mm, von der Maschinenbaugesellschaft Heilbronn 1899/371.
Übrigens sind von dieser Bahn zwei Lokomotiven erhalten geblieben. Die Nr. 1, C n2t, 1899/370 Heilbronn, wurde 1966 an Privat nach Falkenstein verkauft und befand sich 1982 noch dort, ist leider jedoch nicht zugänglich.
Wieder zurück über Trier fahren wir über die Bundesstraße 49 nach Konz.

Konz

Dort steht in Bahnhofsnähe in einer kleinen Grünanlage an der Weinbergstraße als Denkmal die 1'C1'h2t-Dampflokomotive 64 393. Links neben dem Bahnhof steht auf einem Spielplatz auch eine Dampflokomobile. Die in Konz aufgestellte Lok wurde 1936 unter der Fabrik-Nr. 4306 von der Maschinenfabrik Esslingen gebaut und am 27. Oktober 1936 ausgeliefert. Die Abnahmeprobefahrt war am 30.

In Konz bei Trier steht in einer kleinen Grünanlage die Personenzug-Tenderlok 64 339 (Esslingen, 1936/4306). Die Maschine war überwiegend in Bayern eingesetzt. Foto März 1981.

Oktober auf der Strecke Esslingen — Geislingen. Die Tenderlok war nur fünf verschiedenen Bahnbetriebswerken zugeordnet:

2. 11. 1936— 4. 5. 1941	Waldshut
31. 5. 1941— 3. 3. 1943	Karlsruhe Pbf
4. 3. 1943—21. 11. 1947	Regensburg
22. 11. 1947—31. 7. 1966	Kirchenlaibach
1. 8. 1966—17. 3. 1974	Weiden
18. 3. 1974	z-Stellung
15. 4. 1974	Ausmusterung

Nach Erhalt eines neuen Anstrichs ging die Lok mit dem 18. April 1974 in den Besitz der Stadt Konz über. Auf der B 51 kommen wir weiter nach Serrig.

Serrig (Saar)

Die staatliche Weindomäne Rheinland-Pfalz betreibt hier südlich Saarburg in den Weinbergen eine rund 10 km lange 700-mm-Feldbahn. Im Bestand waren sechs Diesellokomotiven. Das Betreten der Weinberge ist nur nach Genehmigung möglich.

Merzig (Saar)

Von hier fährt die Merzig-Büschfelder Eisenbahn GmbH (Streifstraße 3, 6619 Losheim, Telefon (0 68 72) 38 51) nach Losheim und nach Nunkirchen (19,85 km). Die beiden baugleichen Lokomotiven bedienen gleichfalls die Anschlüsse in Merzig-Süd und -Ost. Seit dem 1. November 1959 betreibt die MBE nur noch Güterverkehr. Die Werkstatt befindet sich in Losheim. Im Bestand der MBE sind die C-Diesellokomotiven Nr. 51 und 52, 1435 mm, 39 t, 330 PS, Jung 1959/12995 und 12996. Die Maschinen können bei Einsatz in Doppeltraktion von einem Führerstand aus gesteuert werden.

Im Jahre 1902 wurde mit dem Bau dieser Bahn begonnen. Das Privatanschlußgleis der Firma Villeroy & Boch vom Staatsbahnhof Merzig bis zur Fabrik, heute Bahnhof Merzig-Ost, mit einer Länge von 2,6 km wurde der neuen Gesellschaft im Schenkungswege übereignet. Die Betriebseröffnung der 22,2 km langen Strecke (Gleislänge 28,4 km) zwischen Merzig und Büschfeld war am 3. Juli 1903. Nach dem Zweiten Weltkrieg gingen die Anteile an dieser Bahn insgesamt auf das Saarland über. Die seit der Gründung gute Entwicklung der Merzig-Büschfelder Eisenbahn wurde durch die Krise nach dem Ersten Weltkrieg unterbrochen. Während dieser Zeit verlief die Grenze aufgrund des Friedensvertrages von Versailles durch den Streckenabschnitt Bachem-Losheim. Nach der Rückgliederung des Saargebietes zum Deutschen Reich im Jahre 1935 erholte sich die Bahn bald.

Während des Baues des „Westwalls“ ab 1936 und während des Krieges war die Bahn aufgrund ihrer strategischen Bedeutung bis zur Grenze ihrer Leistungsfähigkeit beansprucht. Während des Frankreichfeldzuges war sie 1939 und 1940 vorübergehend von der Deutschen Wehrmacht beschlagnahmt. Infolge der Kriegseinwirkungen in den Jahren 1944 und 1945 wurden die Anlagen und der Fahrzeugpark stark zerstört.

Der Wiederaufbau wurde sofort nach Kriegsende begonnen. Bereits am 3. Oktober 1945 konnte der Betrieb zwischen Bachem und der zerstörten Primsbrücke bei Büschfeld wieder aufgenommen werden, am 3. Dezember 1945 war dann auch der durch Sprengung zerstörte Streckenabschnitt Brotdorf — Merzig Süd wieder befahrbar. Nach Wiederaufbau der Primsbrücke konnte am 21. Juli 1947 die gesamte Strecke wieder befahren werden.

Nach Klärung der Eigentumsverhältnisse an der MBE im Jahre 1951 war das Saarland bereit, das aufgelaufene Defizit und künftige Fehlbeträge abzudecken. Nachdem im Jahre 1952 der Schienenpersonenverkehr auf moderne Dieseltriebwagen umgestellt war, entschloß sich die MBE zur Beschaffung von Kraftomnibussen. Diese Maßnahme führte letztlich am 26. Mai 1963 zur Aufgabe des Schienen-Personenverkehrs. Der Güterverkehr der Bahn, begonnen

Diesellok V 51 (Jung, 1959/12995) der Merzig-Büschfelder Eisenbahn im Bf Brotdorf. Das Bahnhofsgebäude ist nunmehr Clubheim der Losheimer Eisenbahnfreunde. Foto W. Goy, August 1982.

1904 mit 111 523 t, hatte seine höchsten Spitzen in den Jahren 1938 mit 189 640 t, 1940 mit 197 771 t, 1957 mit 224 015 t bis 1960 mit 197 600 t. Dann machte sich die Konkurrenz der Fernlaster immer mehr bemerkbar, und die Beförderungsleistung sank stetig. Im Jahre 1977 waren es nur noch 100 469 t beförderte Güter. Die Strecke führt durch landschaftlich reizvolle Gegenden. Von Merzig im Saartal und Büschfeld im Primstal steigt die Strecke jeweils im Bachtal in ständiger Steigung nach Losheim, wo auf einer Höhe von 300 m ü. NN die Wasserscheide überschritten wird. Beide Täler, das des Seffersbachs und das des Nunkirchner Bachs, sind sehr idyllisch. Die Werkstatt und einen dreiständigen Lokschuppen finden wir in Losheim. Hier sind auch lange Ladegleise, Ladestraße und mehrere Anschlußgleise.

Losheim

Die Eisenbahnfreunde in Losheim betreiben auf der MBE seit 1982 einen Museums-Eisenbahnbetrieb. Im Einsatz ist die Lok GAR 5621 (CFL), ex 52 3504 der ÖBB, Kriegslokomotive, 1'Eh2 (Kessel von Wiener Lokomotivfabrik), Krauss-Maffei 1943/16630, ausgemustert 10. September 1978, Zugförderungsstelle Wien-Nord, nunmehr im Bestand der Groupement Amis du Rail, Luxembourg. Die Losheimer Eisenbahnfreunde haben einen Kaufantrag gestellt zum Erwerb der D-n2t-Dampflokomotive der Saarbergwerke AG, Nr. 34, Henschel 1947/29892, zuletzt eingesetzt auf Grube Reden als letzte Dampflok der SBW. Der Modell-Eisenbahn-Club Losheim wurde 1981 gegründet zum Aufbau einer Modell-

Mit vereinseigenen Byü-, Büe- und Bü-Wagen veranstalten die Eisenbahnfreunde Losheim gemeinsam mit den Luxemburger Eisenbahnfreunden und ihrer Lok GAR 5621 (52 3504) Museumsfahrten auf der MBE. Foto Verkehrsverein Losheim, Juni 1982.

Als Denkmal erinnert auf dem Gelände der Grube Ensdorf die Lok Nr. 26 der Saarbergwerke AG (Henschel, 1937/23701) an die dortige Dampflokzeit. Fotografiert von W. Goy am 5. März 1976, als die Lok noch im Einsatz war.

Werkslok D VI der Dillinger Hüttenwerke, eine dieselhydraulische Standard-Lokomotive der Typenreihe DH 360/500Ca von Henschel. Foto W. Goy, 11. August 1982.

anlage in Spur H0. Durch Übernahme und Renovierung des Bahnhofs Brotdorf soll dieses Ziel erreicht werden; da es vorerst nicht erreichbar war, verlagerte der Verein sein Interesse auf die Erhaltung und Pflege der großen Bahn. Anfang waren der Erwerb einer Diesel-Feldbahnlok und die Bergung einiger Loren und umfangreichen Gleismaterials, das seit Jahren in einem Moor bei Greimerath lag. Die Aufarbeitung der Diesellok begann 1982. Der Aufbau einer Feldbahn am Stausee zwischen Restaurant und Minigolfplatz ist geplant.
Erste Aktion auf dem Gebiet normalspurigen Eisenbahnbetriebs war der Kauf eines ausgebrannten Zugbegleitwagens, einer alten Bahnhofsuhr und die Übernahme des zum Abriß vorgesehenen Bahnhofs Brotdorf. Der Bahnhof wurde ab 1982 von Vereinsmitgliedern in den ursprünglichen Zustand zurückversetzt. Doch erst die Verbindung zu Luxemburgischen Eisenbahnfreunden ermöglichte ab 1982 einen Museumsbetrieb. Im Bestand des MECL sind derzeit (Herbst 1982) zwei D-Zug- und ein Eilzugwagen der Baujahre 1920 bis 1936. Telefonische Auskunft: MECL (0 68 72) 35 92; Verkehrsverein Losheim (0 68 72) 61 69.

Ensdorf

Südlich von Saarlouis liegen Ensdorf und die Grube Ensdorf der Saarbergwerke AG. Seit Beendigung des Dampfbetriebes am 30. Mai 1975 sind hier nur noch Diesellokomotiven im Werkseinsatz Die Werksbahn überquert mit einer Brücke die Bundesstraße 51. In Ensdorf, Grube Duhamel der Saarbergwerke AG, steht als Denkmal die C-n2t-Dampflokomotive 26, 1435 mm, Henschel 1937/23701, zuletzt eingesetzt am 19. Juni 1976 auf Grube Ensdorf.

Dillingen

Im Schuppen der Aktiengesellschaft der Dillinger Hütte stand 1982 eine C-n2t-Dampflokomotive, 1435 mm, Egestorff 1921/9546. Die Maschine soll auf dem Werksgelände als Denkmal aufgestellt werden. Heute wird der Verschubdienst mit Diesellokomotiven vorgenommen, einsehbar nach Überqueren der Prims von der Straße nach Saarlouis.

Völklingen

Weiter fahren wir in Richtung Süden nach Völklingen-Fenne. Im dortigen Kraftwerk der Saarbergwerke AG steht als Denkmal die C-n2t-Dampflokomotive Nr. 13, 1435 mm, Graffenstaden 1945/8141, zuletzt eingesetzt auf Grube Ensdorf bis 15. April 1974. Von diesen von der Société Alsacienne de Constructions Mecaniques Graffenstaden gebauten Maschinen waren insgesamt fünf baugleiche Lokomotiven im Einsatz, die zwischen 1971 und 1974 ausgemustert wurden.

Nr. 13: 1945/8141, bis 15. April 1974 Grube Ensdorf;

Nr. 14: 1945/8139, bis 1973 Grube Camphausen;

Nr. 19: 1945/8140, bis 30. April 1972 Camphausen;

Nr. 23: 1945/8142, bis 23. Dezember 1972 Ensdorf;

Nr. 24: 1945/8143, bis 23. Dezember 1971 Göttelborn.

Werks- und Übergabeverkehr der Saarbergwerke AG, Zeche Luisenthal mittels Diesellokomotive finden wir auch in Luisenthal bei Völklingen. Auf dem Grundstück des Kindergartens in der Pasteurstraße zu Völklingen steht die B-n2t-Dampflokomotive Nr. 23, 785 mm, ex Stahlwerke Röchling-Burbach, von Krauss. Eine Schwestermaschine, die Nr. 19, steht auf dem Gelände des Kindergartens in Saarbrücken-Burbach in der Flammstraße.

Auch bei den Stahlwerken Röchling-Burbach in Völklingen, neue Firma jetzt ARBED/Saarstahl, sind Diesselloks im Werks- und Übergabe-

Aus einer Serie von fünf baugleichen C-Dampflokomotiven der Société Alsacienne de Constructions Mecaniques Graffenstaden für die Saarbergwerke AG stammt die als Denkmal im Kraftwerk Fenne in Völklingen stehende Nr. 13 (1945/8141).

Die Nr. 23 der Stahlwerke Röchling-Burbach mit der im Saarland einmal verbreitet gewesenen Spurweite 785 mm steht als Spielplatzlok in Völklingen an der Pasteurstraße. September 1979.

Werkslok 57, ein C-Diesel (Henschel, 1962/30024), im Einsatz beim Hüttenwerk Röchling-Burbach, jetzt ARBED. Foto W. Goy, 1978.

verkehr tätig. Die letzte in der Bundesrepublik gebaute Dampflokomotive, von Jung an das Hüttenwerk Röchling-Burbach geliefert, steht ab Spätsommer 1982 auf dem Gelände der Universität Kaiserslautern als Denkmal.

Völklingen-Ludweiler

Am alten Bürgermeisteramt steht auf dem Schulhof die B-n2t-Dampflokomotive Nr. 20, 785 mm, Krauss, ex Stahlwerke Röchling-Burbach.

Saarbrücken-Burbach

Auf dem Gelände des Kindergartens in der Flammstraße finden wir hier die B-n2t-Dampflokomotive Nr. 19, 785 mm, ex Stahlwerke Röchling-Burbach.

Saarbrücken, Bahnbetriebswerk

Im dortigen Bw sind die Mehrsystem-Elektro-Lokomotiven der DB beheimatet: 181 001, 002, 103, 104, 181 201 bis 181 225, 182 021, 184 001, 184 002, 003 und 184 112. Die abgestellte 182 001 zählt nicht mehr zum DB-Bestand und war 1982 im Testeinsatz. Hier stand die 18 602, 2′C1′h4v, Umbau DB, ausgemustert am 1. Juli 1964 in Lindau, verschrottet Ende 1982. Fahrgestell und Rauchkammertür sollen in die Neugestaltung des Bahnhofsplatzes einbezogen werden. Vorhanden ist noch das Laufwerk einer BR 50.

Brebach und Bliesmengen-Bolchen

In Brebach-Fechingen, Saarbrücker Straße 132, und in Bliesmengen-Bolchen, Spielplatz am Höllenberg, standen die B-n2t-Dampflokomo-

Auf dem Gelände des Kindergartens an der Flammstraße in Saarbrücken-Burbach steht die Lok Nr. 19, eine Schwestermaschine der Nr. 23 (Völklingen, Pasteurstraße) der Stahlwerke Röchling-Burbach.

Werkslok 12 der Halberger Hütte in Brebach (südöstlich Saarbrücken), eine dieselhydraulische Lok mit Gelenkwellen-Antrieb (Henschel 1972/31567), die per Funk ferngesteuert werden kann. Foto W. Goy, August 1982.

tive Nr. 13, ex Halberger Hütte, 1000 mm, und die B-n2t-Dampflokomotive, ex Halberger Hütte, 785 mm. Die Lokomotiven wurden um 1980 abgeholt, ihr Verbleib ist unbekannt.

Brebach

Auf der Halberger Hütte (südöstlich von Saarbrücken) sind Diesellokomotiven der Saarbergwerke im Werkseinsatz.

Dudweiler-Hirschbach

Nördlich von Saarbrücken (B 41 oder BAB 623) liegt in Dudweiler-Hirschbach das Ausbesserungswerk der Saarbergwerke AG (Telefon: (0 68 97) 50 32 01). Hier werden die insgesamt 15 Dieselloks, Nr. 3 bis 17, gewartet und ausgebessert. Nr. 1 und 2 waren 1982 z-gestellt, die Nr. 4 und 17 waren Reserveloks. Der Dampflokbetrieb endete bei den Saarbergwerken im August 1982. Letzte Dampfloks waren die Nr. 28 und 34, eingesetzt in Landsweiler-Reden. Erhalten blieben:

Nr. 13, C n2t, Graffenstaden 1945/8141, Denkmal in Völklingen-Fenne;

Nr. 26, C n2t, Henschel 1937/23701, Denkmal, Grube Ensdorf;

Nr. 28, D n2t, Henschel 1947/29885, Auto+Technik-Museum Sinsheim;

Nr. 34, D n2t, Henschel 1947/29892, Kaufantrag, Losheimer Eisenbahnfreunde;

Nr. 36, D n2t, Krauss-Maffei 1949/17575, Historische Eisenbahn Frankfurt;

Nr. 38, D n2t, Hohenzollern 1925/4531, Braunschw. Landes-Museums-Eisenbahn, jetzt BLME Nr. 6.

Eine weitere Grubenbahn befindet sich in Göttelborn über Illingen (Saar), nördlich von Saarbrücken, mit Werks- und Übergabeverkehr der Saarbergwerke AG, Zeche Göttelborn, durch Diesellokomotive. Die Tabelle Seite 135 nennt die 1982 bei den Saarbergwerken AG vorhandenen Diesellokomotiven mit ihren jeweiligen Einsatzorten; Änderungen sind hier immer wieder möglich.

Fischbach

Über die Bundesstraße 41 oder Autobahn 623 erreichen wir das nördlich von Saarbrücken gelegene Fischbach. Auf der Grube der Saarbergwerke AG Camphausen sind Diesellokomotiven im Einsatz.

Neunkirchen

Etwas weiter im Nordwesten liegen Neunkirchen und die Neunkircher Eisenwerke. Wenn man vom Stummdenkmal im Zentrum, vor dem

Bis August 1982 waren für die Kokerei der Saarbergwerke in Landsweiler-Reden zwei D-n2t-Dampflokomotiven im Rangier- und Übergabedienst im Einsatz, typengleiche Maschinen von Henschel (1947/29885-SBW28 und 29892-SBW34). Die Nr. 28 wurde 1982 an das Auto + Technik-Museum in Sinsheim verkauft, um die Nr. 34 bemühen sich die Losheimer Eisenbahnfreunde. Foto September 1981.

Rechts: Werkslok 10 (Krauss-Maffei, 1963/19087) der Saarbergwerke im Einsatz auf Grube Camphausen, Fischbach-Camphausen/Saar (Achsfolge C, 630 PS). Foto W. Goy, 10. August 1982.

Haupttor in Richtung Werk gesehen, sich links die Straße hinauf begibt und sofort wieder rechts abbiegt, hat man von dort aus einen guten Einblick ins Werksgelände und auf seine Schmal- und Normalspurbahn. Im Einsatz sind B-Diesellokomotiven. Auch die Roheisenwagen imponieren sehr.

Triebfahrzeuge mit Verbrennungsmotoren der Saarbergwerke AG (Normalspur), Stand Herbst 1982

Nr.:	(1)	(2)	3	4	5	6	7	8	9
Hersteller:	Graffenstaden		Deutz	Deutz	Henschel	Henschel	Deutz	Esslingen	Krauss-M.
Baujahr:	1954	1954	1958	1958	1958	1958	1956	1963	1967
Fabrik-Nr.:	10 026	10 027	56 761	56 897	27 105	27 106	56 460	5 304	19 293
Dienstgewicht:	38 t	38 t	20 t	20 t	40 t	40 t	14 t	26 t	60 t
Leistung (PS):	300	300	130	130	360	360	55	225	500
Typ:	...	...	...	...	(ex)	(ex)	...	...	ML 500 C (ex)
Standort:	Kraftwerk St. Barbara Bexbach Ausgem.	Kohlen-lager M. Mellin Ausgem.	Ensdorf	Ensdorf Reserve	(HU)	Grube Reden	Haupt-werkst. Hirsch-bach	Zentral-Magazin Hirsch-bach	Kokerei Fürstenh. Völklingen Raffinerie

Nr.:	10	11	12	13	14	15	16	17
Hersteller:	Krauss-M.	Henschel	Krauss-M.	Henschel	Henschel	Henschel	Henschel	Henschel
Baujahr:	1963	1973	1972	1976	1978	1979	1981	1982
Fabrik-Nr.:	19 087	31 681	19 585	31 866	31 997	31 993	32 476	32 561
Dienstgewicht:	60 t	66 t	60 t	66 t	60 t	60 t	60 t	60 t
Leistung (PS):	630	660	540	660	630	660	660	660
Typ:	ML 630 C	DHG 700 C	M 500 C (ex)	DHG 700	DHG 700 (ex)	DHG 700 C	DHG 700 C	DHG 700 C
Standort:	Camp-hausen Gruben-bhf.	Fenne Kraftw. Völklg.	Kokerei Fürsten-hausen b. Völklg.	Grube Ensdorf West-Bhf.	Kokerei Fürsten-hausen	Göttel-born Gruben-Bf.	Grube Warndt Karls-brunn	Grube Luisenthal b. Völklg.

(ex) = explosionsgeschützte Ausführung

Neunkirchen mit der ältesten Hütte an der Saar hat einen beträchtlichen Schienenverkehr, der vormals mit Dampfloks betrieben wurde. Hier ein Blick ins Neunkircher Eisenwerk auf die 785-mm-Werksbahn mit Spezialwagen zum Transport von Flüssigeisen, traktiert von einer Diesellok. Zustand am 19. September 1981.

Seit dem 27. August 1982 dampft es nicht mehr auf der Zechenbahn in Landsweiler-Reden. Hier im Einsatz Lok Nr. 6 der Saarbergwerke AG (Henschel 1958/27106, Typ DH 240) auf Grube Reden. Foto W. Goy, Juli 1982.

Landsweiler-Reden

Unweit von Neunkirchen liegt Landsweiler-Reden. Gegenüber dem DB-Bahnsteig liegen die Übergabegleise der Saarbergwerke AG, Grube Reden. Hier sind ständig zwei Dieselloks der SBW im Einsatz. Der Dampfbetrieb endete hier am 27. August 1982. Eine über 130 Jahre lange Geschichte ging damit zu Ende. Vorletzte Lok war die SBW 28, Henschel 1947/29885, D n2t, letzte HU 31. März 1977, die inzwischen an das Auto + Technik-Museum nach Sinsheim verkauft wurde, und letzte Dampflok im Saarland war die 34, die voraussichtlich an die Eisenbahnfreunde Losheim verkauft wird. Diese Lok ist baugleich mit der SBW 28 und wurde gleichfalls 1947 gebaut, die Fabrik-Nr. lautet 29892, Typ D 600. Baugleiche Loks dieses Typs finden wir noch beim Eschweiler Bergwerksverein auf der Zeche Anna in Alsdorf bei Aachen. Es sind die Betriebs-Nummern 1—3, Henschel, 1949/25167, 1947/29884 und 1949/25169, wovon die Nr. 1 ihre letzte HU im Mai 1980 hatte. Letzter Dampfbetrieb auf einer Zechenbahn ist damit der Eschweiler Bergwerksverein mit den Zechen Anna und Emil Mayrisch (Strecke Mariagrube-Siersdorf, 453). Über die Bundesstraße 41 kommen wir in Richtung Norden nach St. Wendel.

St. Wendel

Im dortigen Bw sind die nachstehenden Dampflokomotiven aus Privatbesitz zu besichtigen:
1'Eh3, 044 434-9, ausgemustert 5. Mai 1977, Gelsenkirchen-Bismarck, Bj. 1941;
1'Eh2, 050 607-1, ausgemustert 11. Juni 1976, Saarbrücken, Bj. 1941;
1'Eh2, 051 446-3, ausgemustert 11. Juni 1976, Saarbrücken, Bj. 1942;
1'Eh2, 051 832-4, ausgemustert 11. Juni 1976, Saarbrücken, Bj. 1941.
Seit Juli 1982 stehen hier auch die aus der DDR importierten Loks:
2'C1'h2, 01 204, ex Bw Saalfeld;
1'Eh2, 50 3014, ex Bw Nossen;
1'Eh2, 52 2083, ex Heizlok Bw Leipzig;
1'Eh2, 52 1432, ex Bw Zittau.
Weiter über die Bundesstraße 41 in Richtung Norden erreichen wir Birkenfeld.

Birkenfeld

Hier hat die Birkenfelder Eisenbahn (Bahnhof, 6588 Birkenfeld/Nahe, Telefon (0 67 82) 23 13) ihren Sitz. Die Bahn betreibt nach Neubrücke/Nahe, dem DB-Bahnhof, eine Verbindungsbahn (5,3 km) vom BE-Bahnhof Birkenfeld. Im Bestand ist eine Diesellokomotive ohne Nummer für den Güterzugdienst.
Um die Kreisstadt Birkenfeld an die Staatsbahnlinie (Kursbuch 640) Saarbrücken — Bad Kreuznach — Bingen bzw. Mainz anzuschließen, wurde bereits am 5. Oktober 1880 eine normalspurige, 5,28 km lange Strecke eröffnet. Eigentümer der Birkenfelder Lokalbahn GmbH waren mit 72 Prozent die Stadt Birkenfeld und mit 28 Prozent die DEGUSSA, seit 1969 ist die Stadt Birkenfeld alleiniger Gesellschafter. Bis 1932 hatte die Betriebsführung die Deutsche Reichsbahn, die auch die Fahrzeuge stellte. 1933 wurde der Betrieb durch die Birkenfelder Eisenbahn GmbH selbst übernommen, hierdurch mußten auch Fahrzeuge beschafft werden. Bis 1965 war bedeutendster Kunde die DEGUSSA mit ihrem Holzverkohlungswerk in Brücken. Von hier führte eine etwa 5 km lange Schleppbahn (Schmalspur) zum Bahnhof Birkenfeld. Ursprünglich wurde einheimisches Holz dort verarbeitet, später ausschließlich importiertes. Die „Birkenfelder" transportierte von der Staatsbahn aus Holz nach Birkenfeld und von dort zur Staatsbahn Holzkohle und Holzteer. Die Stillegung erfolgte 1965, die Schleppbahn wurde wenig später abgebaut. In Birkenfeld befinden sich zwei Anschlüsse der dortigen Ton- und Klinkerwerke. Der Personenverkehr ist eingestellt, eigene Busse haben diesen Dienst übernommen, obgleich der Personenverkehr mit bis zu 11 Zugparen am Tag sehr rege war. Über die Bundesstraße 41 und

die Bundesautobahn 62 fahren wir wieder zurück in Richtung Süden nach Landstuhl.

Landstuhl

Über die Autobahn 6 kommen wir zur Ausfahrt Landstuhl. In Richtung Pirmasens (B 62), hinter der BAB-Abfahrt, fahren wir den nächsten Feldweg rechts (ältere Allee) hinein, später entlang der Behelfsstraße am Zaun des amerikanischen Waldlagers entlang. Nach etwa 1 km rechts ab, stets am Zaun entlang, finden wir einen alten Gutshof und eine kleine Eisenbahnsammlung. Leider war vor Redaktionsschluß keine nähere Angabe über diese Fundstelle zu erhalten. Durch den Zaun fotografierbar sind: Eine B-n2t-Hüttenlok Nr. 14, 785 mm, und eine B-Dieselfeldbahnlok von Deutz mit recht interessanten Muldenwagen. Nicht fotografierbar war im Hintergrund eine weitere Lok, schwach erkennbar. Wieder zurück und weiter über die Autobahn 6 in Richtung Westen erreichen wir Kaiserslautern.

Kaiserslautern

Neben Esslingen und Solingen verkehren hier die letzten O-Busse. Im Bw ist die E 71 19 hinterstellt, die ins DGEG-Museum Neustadt kommt. Auf dem Universitätsgelände steht seit Sommer 1982 die letzte in der Bundesrepublik gebaute Dampflok von Jung, ex ARBED Völklingen, Stahlwerke Röchling-Burbach.
Von Kaiserslautern in Richtung Süden (Annweiler) finden wir nach dem ersten Wegdrittel die in Richtung Lambrecht führende Straße nach Elmstein.

Elmstein

Am Endpunkt der stillgelegten Strecke von Lambrecht ist in Elmstein im ehemaligen Lokschuppen ein interessantes Restaurant entstanden. Der Besitzer Bernius bewirtschaftet das Lokal seit 1971. Um den Gästen einen Hauch aus der Zeit des „Kuckucksbähnels“ zu vermitteln, kaufte er im Jahre 1977 die 1'C1'h2t-Dampflokomotive 64 006, Henschel 1934, dazu einen Bi und einen Ai (dieser von Pfalz/Saar-Dampflokfreunden; Verein aufgelöst) sowie einen dritten Wagen. Ein Wasserkran, Formsignal und eine Bahnhofsuhr runden das Bild ab. Weiterhin sind im Bestand ein Klv 20 (Draisine mit VW-Kombiaufbau) und ein Klv 82 (Oberbau-Meßdraisine).
Wieder zurück auf der B 48 in Richtung Süden und der B 10 in Richtung Pirmasens, kommen wir nach Hinterweidenthal. Dort standen einmal ein Packwagen der Butzbach-Licher Eisenbahn und ein Bi. Der Verbleib dieser Fahrzeuge ist unbekannt. Hier biegen wir ab in Richtung Süden, um nach Wieslautern zu kommen.

Wieslautern

Hier, in Bundenthal-Rumbach bei Dahn, Gemeinde Wieslautern, Wasgaubahnhof, steht noch (1983) die normalspurige C-Werks-Dampflokomotive Nr. 23, ex Dillinger Hütte, Skoda 1916. Es ist nicht ausgeschlossen, daß die Lok demnächst nach Saarlouis überführt wird. Der dortige Modellbahnclub möchte sie neben dem alten Stellwerk, ihrem Clubheim, als Denkmal aufstellen. Ein Hauptsignal kam dort schon zum Aufbau.
Wieder zurück in Richtung Osten, über die B 10 in Richtung Annweiler, über Landau und

Rechts oben: Bisher in keinem Reiseführer vermerkt, fanden wir auf einem alten Gutshof an der Autobahnabfahrt Landstuhl eine kleine eisenbahntechnische Sammlung. Hier eine B-Feldbahnlok mit interessanten Muldenwagen. Foto W. Goy, Juli 1982.

Rechts: Neben der Dampflok 64 006 (Henschel, 1934) sammelte der Gastronom des Restaurants „Lokschuppen“ an der stillgelegten Strecke Lambrecht – Elmstein in Elmstein weitere Eisenbahnobjekte wie diese Draisine der Reihe Klv 20. Foto 26. August 1979.

Die in Bundenthal-Rumbach bei Dahn (Gemeinde Wieslautern) aufgestellte C-Werkslok der Dillinger Hütte (Skoda, 1916) soll einmal von den Eisenbahnfreunden in Saarlouis übernommen werden. Foto September 1981.

die B 38, oder bereits vorher in Richtung Norden über Edenkoben, kommen wir nach Neustadt an der Weinstraße.

Neustadt (Weinstraße)

Hier sollten wir zunächst von der Straßenseite her das interessante Bahnhofsgebäude im Bild festhalten. Gegenüber dem DB-Bahnhof, in der Schillerstraße, befindet sich im ältesten Lokschuppen Deutschlands das DGEG-Museum, Fahrzeugsammlung Pfalz. Das Museum ist jeweils geöffnet an Sonn- und Feiertagen von 10 bis 13 Uhr. Zum Bestand zählen:

2′C1′h4v-Lok 18 505, bay. S 3/6, Maffei 1924/5555, Betr.-Nr. 3706;

1′C1′h2-Lok 23 105, 023 105-0, Jung 1959/13113;

1′E1′h3-Lok 45 010, 045 010-6, Henschel 1940/24803;

1′C1′h2t-Lok 75 1118, bad VIc, Karlsruhe 1921/2150;

E-n2t-Lok (94 002), pf. T 5, Krauss 1907/5779, ex Zeche Alexander 3, Eschweiler Bergwerksverein;

B n2t, BERG, bay. DVI, (98 7508) Krauss 1883/1222, ex Torfwerke Raubling, betriebsfähig;

2′An2, PFALZ, Nachbau der Crampton-Lok von Maffei aus 1853/134 durch AW Weiden im Jahre 1925;

B-Dampfspeicherlok OMA, ex Aral, Hohenzollern 1921/4005;

(V 36 127), ex BASF D 18, Ludwigshafen, BMAG 1941/11254, betriebsfähig;

117 113-1, el. Schnellzuglok, AEG/WASSEG 1928/3983, 1′Do 1′;

119 001-6, el. Schnellzuglok, AEG 1938/5000, 1′Do 1′;

E 244 31, 50-Hz-Versuchslok der Höllentalbahn, Krupp/Garbe-Lahmeyer 1936/1509 Bo′Bo′;

E 71 19, pr. EG 519, AEG 1916/1583 B′B′, derzeit noch abgestellt in Kaiserslautern, DB-Eigentum;

100 Jahre alt und noch betriebsfähig ist die „BERG“, eine bayerische D VI, DR 98 7508, ex Torfwerke Raubling (Krauss 1883/1222), hier in Aktion im DGEG-Museum Neustadt a. W. Rechts im Bild der Nachbau des AW Weiden (1925) der „Pfalz“ (Maffei, 1853/134). Foto September 1981.

Die vorbildlich in Länderbahn-Ausführung wieder aufgearbeitete pfälzische T 5 (94 002), Krauss, 1907/5779) und die E 17 113 (AEG/SSW, 1928) auf dem Gelände des DGEG-Museums in Neustadt. Foto September 1981.

ET 11 01, 732 001, zweiteiliger Schnelltriebwagen, ME/BBC 1935/Bo'2' + 2'Bo';
VT 12, leichter Triebwagen Typ Aachen, Talbot 1954/96280, A 1, ex Meppen-Haselünner Eisenbahn; verschrottet 1982;
VW-Draisine KLv 20-5026, WMD, 1955/1935;
Handhebel-Draisine, ex SWEG;
B-Lokomotor Nr. 1, Breuer, 1934;
Kran und Schutzwagen, Kar 6600 und Kar 6812 sowie zweiachsige Personenwagen:
Ci Württemberg E 177, Esslingen 1880;
Cid-08 Württemberg 11 150, Esslingen 1909/8964;
Cd 21 b Köln 2288, LHB 1922;
Ci 28 Regensburg 41505, Rathgeber 1928;
Bi 29 Mainz 36539, Westwaggon 1929;
mehrere alte und uralte Güterwagen;
„Mollsche" T 3, Güterzuglok 89 7159, Henschel 1910/10037.
Letztere zählt zwar zum Bestand der DGEG Bochum-Dahlhausen, ist aber betriebsfähig auf der SWEG-Strecke Achern — Ottenhöfen im Museumsdienst eingesetzt. Die Lokomotiven 23 105 und 45 010 sind Leihgaben der DB, die 75 1118 ist Leihgabe der Universität Karlsruhe, die E 19 01 eine Leihgabe der AEG, die E 244 31 eine Leihgabe der TU Karlsruhe und die E 71 19 eine Leihgabe der DB. Zu bestimmten Zeiten verkehrt die V 36 127 mit der Oldtimer-Zuggarnitur. Von der Angabe weiterer Fahrzeugdaten müssen wir hier aus Platzgründen leider absehen; der Interessierte kann sie dem preiswerten Führer durch das DGEG-Museum entnehmen, der dort und im Versand zu erwerben ist.

Haßloch

Im Westen von Neustadt (Weinstraße) liegt Haßloch. Leider nicht fotografierbar, ohne ein hohes Eintrittsgeld zu zahlen, finden wir im Holidaypark die C n2t, ex C1 n2t, Lok 99 4511, 750 mm, Krauss 1899/4111, ex RSN Nr. 3.

Es ist nicht ausgeschlossen, daß die 99 4511-4 einmal auf einer 750-mm-Schmalspurbahn auf dem Gelände des Holidayparks in Haßloch verkehrt. Hier steht die „Pusteliese" (Krauss, 1899/4111) noch auf dem Sockel im Holidaypark. Foto August 1979.

Die Lok soll einmal auf einer 2,5 km langen Strecke im Holidaypark betriebsfähig eingesetzt werden. Zur Geschichte dieser Lok folgende Angaben: Nach Stillegung ihrer Schmalspurstrecke Rathenow — Senzke — Nauen kam die 99 4511 im Juni 1961 nach Putbus auf Rügen, während der meisten Zeit war die Lok aber kalt abgestellt. Um 1964 wurde sie dem Raw Görlitz zugeführt und für eine Rekonstruktion zerlegt. 1965 war die Maschine wieder einsatzfähig; von der lieben antiquierten „Pusteliese", der ehemaligen RSN Nr. 3, war aber nahezu nichts mehr übriggeblieben. Der Rahmen war neu, der Kessel und das Triebwerk ebenfalls, und beim Führerhaus und den Vorratsbehältern konnte man auch keine Ähnlichkeit mit der früheren Ausführung mehr feststellen. Entstanden war eine kleine, fast neue und recht modern aussehende Lokomotive, die eigentlich nur ihre alte Nummer behielt.
Bis 1966 war die Maschine wieder in Putbus und danach bis 1967 auf der 9,2 km langen Strecke Glöwen — Havelberg, die erst nach 1948 schmalspurig entstand, im Einsatz. Nachdem auch auf dieser Bahn der Betrieb eingestellt wurde, zog die 99 4511 am 1. Juni 1969 einen der drei letzten Züge zum großen Abschied nach Lindenberg. Die Maschine erhielt im Raw „DSF" Görlitz am 21. Mai 1971 nochmals eine Untersuchung und gehörte zuletzt zur RBD Schwerin, Bw Wittenberge.
In Richtung Norden liegt Bad Dürkheim.

Bad Dürkheim

Hier sitzt die Rhein-Haardtbahn GmbH (Mannheimer Straße 53, 6702 Bad Dürkheim 1, Telefon (0 63 22) 40 91). Das Depot ist in Bad Dürkheim-Ost. Die 27,5 km lange Strecke (1000 mm) führt von Bad Dürkheim (DB-Bf) — Maxdorf — Ludwigshafen — Oggersheim — Mannheim Paradeplatz — Mannheim Hbf/RHB.
Aufgrund eines im Jahre 1911 zustandegekommenen Vertrages zwischen Mannheim und Ludwigshafen zur Durchführung eines Eisenbahnbetriebes war der Wagenpark dieser Bahn anteilig von der GmbH und der Straßenbahn Mannheim zu stellen, während Ludwigshafen den innerstädtischen Streckenteil von Oggersheim bis zur Rheinbrücke zu bauen und zu unterhalten hatte. Die Betriebseröffnung fand am 4. September 1913 statt.
Die Rhein-Haardtbahn führt von Bad Dürkheim bis Oggersheim mit 16,4 km (vorher 17,2 km bis 1964). Ab Oggersheim bis Mannheim Hbf/RHB werden Strecken der Verkehrsbetriebe Ludwigshafen und der Mannheimer Verkehrs-AG mit zusammen 11,3 km mitbenutzt. Eigentümer der Rhein-Haardtbahn GmbH sind nunmehr die Städte Ludwigshafen und Bad Dürkheim. Außer in Bad Dürkheim und in der Ortsdurchfahrt Ellerstadt fährt die Bahn auf eigenem Bahnkörper.
Die Bahn wird ab Oggersheim bis Bad Dürkheim als konzessionierte Kleinbahn als Überlandbahn betrieben. Der Betrieb wurde früher mit 1200 V Gleichstrom gefahren (in den Stadtgebieten Mannheim und Ludwigshafen 600 V), seit 1965 durchgehend mit 750 V/600 V. Die Strecke war ursprünglich bereits für einen zweigleisigen Ausbau trassiert, heute besteht nur noch ein eingleisiger Abschnitt zwischen Ellerstadt und Bad Dürkheim.
Der Güterverkehr bis auf den Obst- und Gemüsetransport nach Mannheim und Ludwigshafen spielte bei dieser Bahn nie eine bedeutende Rolle und wurde am 31. Oktober 1969 eingestellt. Bis vor dem Zweiten Weltkrieg existierten zur Postbeförderung eigene Postwagenabteile mit Begleitung eines Postbeamten. Die Postsackbeförderung in planmäßigen Zügen wurde um 1965 eingestellt. Während des Krieges hatte die Bahn durch Beschädigung von Fahrzeugen und Zerstörung der Oberleitungen stark gelitten. 1945 wurde die Rheinbrücke gesprengt und erst Ende 1948 wieder aufgebaut. Betriebsmittelpunkt mit Werkstatt und fünfgleisiger großer Wagenhalle ist Bad Dürkheim.

Seit 1960 können hier Triebwagen über eine Wendeschleife gedreht werden. 1964 wurde ein neues Fahrleitungsstellwerk in Betrieb genommen, von dem die Strecke gesteuert wird. Seit 1965 wird der Betrieb durch Selbstblockanlagen gesichert, während vorher im Zugmeldeverfahren die Sicherung erfolgte.

Zwischen 1967 bis 1972 mußten infolge von Straßenbaumaßnahmen mehrere Brücken errichtet werden, ansonsten sind Straßenkreuzungen mit Blinklicht oder Halbschranken gesichert. Die Bahn führt zwar als konzessionierte Kleinbahn an ihren Wagen die Zugschlußscheibe, hat aber heute eher den Charakter einer Überland-Straßenbahn. Im Bestand sind nachstehende Fahrzeuge:

GITw 6, Gelenktriebwagen 1011—1012, Düwag/Siemens 1960;

GITw 6, Gelenktriebwagen 1013—1018, Düwag/Siemens 1963;

GITw 12, Gelenktriebwagen 1019—1022, Düwag/Siemens 1967;

GITw 6, Gelenktriebwagen 1123—1124, Düwag/Siemens 1959;

B-Diesellokomotive V 01, ex OEG 03, Gmeinder, 150 PS, 1954/4826.

Die ansonsten dort verkehrenden Fahrzeuge zählen zum Bestand der Straßenbahn Mannheim.

Ludwigshafen-Gartenstadt

In der Achtmorgenstraße 5, beim TÜV Pfalz, steht die B-Dampfspeicherlok „DORA“, 1435 mm, Krauss-Maffei 1942/16301. An Samstagen und Sonntagen, wenn der TÜV geschlossen ist, kann die Lok nur mittels Teleobjektiv fotografiert werden.

Ludwigshafen

In der Lagerhausstraße bei der Firma Dr. Raschig steht die B-Dampfspeicherlok „BERTA“, 1435 mm, Hohenzollern 1917/3755.

Über die Autobahn in Richtung Norden kommen wir nach Worms.

Worms

Hier betreiben die Stadtwerke Worms eine 1890 eröffnete Bahn im Hafen und im nördlichen Industriegebiet mit einer Streckenlänge von 20,5 km. Die Werkstatt ist in der Hafenstraße. Im Bestand sind zwei C-Diesellokomotiven von Krauss-Maffei (Lok 2 = 1957/18346). Die Lokomotiven entsprechen den der aus gleicher Serie beschafften Maschinen der Hafenbahn Frankfurt.

Über die Autobahn 61 in Richtung Norden, Abfahrt Gau-Bickelheim, über die Bundesstraße 420 sowie über die Landstraße, kommen wir (südlich von Bad Kreuznach) nach Wöllstein.

Wöllstein

Bei den Betonwerken Ernst Jungk steht hier im Garten hinter dem Privathaus die C-n2t-Schmalspurlokomotive, 750 mm, ex Prignitzer Kreiskleinbahnen, später 99 4701. Sicherlich wird der Besitzer das Fotografieren und das damit verbundene Betreten des Privatgrunds erlauben.

Im Jahre 1914 wurden an die Prignitzer Kreiskleinbahnen zwei Dreikuppler von Henschel geliefert, die unter Fabrik-Nr. 13021 und 13022 gebaut waren. Die beiden Maschinen wurden in Kyritz und Perleberg stationiert und befuhren die Strecken nach Hoppenrade. Die Lok 13022 gelangte noch in den Bestand der Deutschen Reichsbahn und erhielt die Betriebsnum-

Rechts oben: In Ludwigshafen-Gartenstadt, in der Achtmorgenstraße beim TÜV Pfalz, erinnert die B-Speicherlok „Dora“ (Krauss-Maffei, 1942/16301) an die einstmals vorwiegende Aufgabe des Technischen Überwachungsvereins. Foto Mai 1981.

Rechts: Auf der seit 1890 bestehenden Hafenbahn in Worms sind zwei C-dieselhydraulische Loks gleicher Bauart aus einer auch für die Hafenbahn Frankfurt von Krauss-Maffei beschafften Serie im Einsatz, hier die Nr. 2 (1957/18346) in der Nähe des Depots in der Hafenstraße im Rangierdienst. Foto September 1981.

mer 99 4701. Zu Beginn der sechziger Jahre wurde diese Maschine rekonstruiert. Sie erhielt einen neuen Kessel, das Führerhaus wurde modernisiert und in seinem oberen Teil abgeschrägt; Änderungen ergaben sich auch bei der Gestaltung der Vorratsbehälter. Ursprünglich wurde der Kohlevorrat vor dem Führerhaus gelagert, nach dem Umbau in einem an der Rückfront angebrachten Kohlekasten. Bis zur Betriebseinstellung blieb die Maschine im Einsatz. Südwestlich von Bad Kreuznach liegt Münster am Stein.

Bad Münster am Stein

Über den Kurpark erreichbar, stehen beim Parksanatorium als Denkmäler die 2'C1'-h3-Schnellzuglok 01 1081, 012 081-6, Öl, BMAG 1940/11337, und die 1'E-h3-Güterzuglok 44 424, 044 424-0, Kohle, Fives Lille 1943/5004.

Die hier aufgestellte 012 081-6 wurde von der Berliner Maschinenbau-AG, vormals Louis Schwartzkopff, gebaut. Sie zählte zu den Maschinen, die im Jahre 1959 eine Ölhauptfeuerung erhielten. Ihre Ausmusterung erfolgte am 26. Juni 1975 im Bw Rheine. Seit dem 4. November 1977 steht sie zusammen mit der 044 424-0 auf zwei Gleisstücken vor einem endgültig auf Halt gestellten Vor- und Hauptsignal. Die 044 424-0 war die letzte bei der Deutschen Bundesbahn vor einem Güterzug eingesetzte kohlegefeuerte Dampflok. Letzter Einsatztag war der 20. Mai 1977, die Ausmusterung erfolgte am 25. Mai 1977. Ende 1977 wurde die zuletzt zum Bw Gelsenkirchen-Bismarck gehörende Lok im Garten des Sanatoriums aufgestellt.

Weiter südwestlich liegt der Ort Sobernheim.

Sobernheim

In Sobernheim wird das Rheinland-Pfälzische Freiluftmuseum aufgebaut. Hier steht als Denk-

In Wöllstein bei Bad Kreuznach steht beim Betonwerk Ernst Jungk die 99 4701 (Henschel, 1914/13022). Die 750-mm-C-n2t-Lok stammt von den Prignitzer Kreiskleinbahnen. Foto September 1977.

Auf dem Gelände des Parksanatoriums im Kurpark Bad Münster am Stein stehen zwei große Einheitslokomotiven, die 012 081-6 (Öl, BMAG, 1940/ 11337) und die 044 424-0 (Kohle, Fives Lille, 1943/ 5004) nebst Vor- und Hauptsignal. Foto Juli 1979.

In Sobernheim bei Bad Kreuznach, im Rheinland-Pfälzischen Freilichtmuseum, steht die Lok der Kreis Kreuznacher Kleinbahnen Nr. 1 (Krauss, 1920). Aufnahme September 1979.

mal die Dampflokomotive Nr. 1 der ehemaligen Kreis Kreuznacher Kleinbahnen, im Jahre 1920 mit Fabrik-Nr. 7651 von Krauss und Comp., München, gebaut. Die 1896 gegründete Kleinbahn stellte bereits am 26. Juli 1936 ihren Betrieb ein. Zuletzt waren auf den beiden Strecken von Bad Kreuznach-Übergabebahnhof nach Wallhausen sowie nach Winterberg insgesamt vier Lokomotiven im Einsatz. Die Nummer 1 (760-mm-Schmalspur-C1′ n2t) kam zur Heeresversuchsstelle nach Mittersill im Pinzgau und wurde nach dem Krieg im Jahre 1945 von der ÖBB als Nummer 998.01 eingereiht und auf der Strecke Zell am See — Krimml eingesetzt. Am 15. März 1973 wurde sie als letzte betriebsfähige Lokomotive der Pinzgauer Lokalbahn ausgemustert und auf dem Schmalspur-Lokomotivfriedhof Obergrafenberg abgestellt. Dort übernahm sie der Verein Kärntner Museumsbahn und brachte sie nach Treibach. Am 5. Oktober 1978 wurde sie schließlich wieder in ihre alte Heimat an der Nahe gebracht und als Denkmal bei Sobernheim aufgestellt.

Nicht leicht in unsere Route paßt die im Westerwald liegende und damit zu Rheinland-Pfalz zählende Westerwaldbahn. Wir beschließen unsere Tour mit der Beschreibung dieser Bahn.

Bindweide

Die Westerwaldbahn (5241 Steinbach b. Betzdorf/Sieg, Telefon (0 27 47) 21 06) hat ihr Bw im Bahnhof Bindweide. Die Strecken führen von Scheuerfeld (DB-Anschluß) — Bindweide — Oberdreisbach (18,4 km) und von Bindweide

Zum Bestand der Westerwaldbahn zählten 1983 insgesamt vier B-Dieselloks von Jung, hier die V 26 Nr. 4 (Jung, 1959/12997) im Rangierdienst auf Bf Scheuerfeld, dem DB-Anschluß der Bahn. Noch erinnert ein Wasserkran an die Dampflokzeit. Foto Oktober 1981.

nach Rosenheim (3,1 km). Es verkehren nur noch Güterzüge. Im Bestand der Bahn sind vier Dieselloks mit 260 PS:
V 26.1 = Jung 1956/12102;
V 26.2 = Jung 1956/12103;
V 26.3 = Jung 1957/12748;
V 26.4 = Jung 1959/12997.
Alle Loks sind mit Vielfachsteuerung als Zwillinge einsetzbar und baugleich; Regelspur Achsfolge B.

Die Bahn existiert seit 1913; Eigentümer ist der Kreis Altenkirchen. Die Betriebsführung hatte ursprünglich die Aktiengesellschaft für Bahnen und Tiefbauten in Berlin, die auch den Bau der Bahn ausführte, ab 1. Oktober 1914 hat sie die Westerwaldbahn selbst übernommen. Aufgabe der Bahn war die Erschließung des an Bodenschätzen reichen südöstlichen Teils des Kreises Altenkirchen und des Gebhardshainer Landes im Westerwald. Da die Bahn sich an den Abbaustellen der verschiedenen Anschließer orientierte, lagen die Bahnhöfe weitab von den Siedlungen. Der Personenverkehr wurde ursprünglich nur auf der Strecke Scheuerfeld — Nauroth durchgeführt, nach 1931 nur noch bis Bindweide. Nach Umwandlungen der Privatanschlußbahnen existierte im Krieg ein Personenverkehr ab 5. Mai 1941 von Bindweide nach Weitefeld und ab 3. August 1942 von Bindweide nach Nauroth. Ab 6. Dezember 1943 verkehrten durchgehende Personenzüge bis Betzdorf. Bereits ab 1926 begann die Abwanderung des stets unbedeutenden Personenverkehrs auf die Straße, erst im Krieg und in der Nachkriegszeit wurde er beachtlich. Anfang der sechziger Jahre spielte der Ausflugsverkehr noch eine gewisse Rolle mit durchgehenden

In Scheuerfeld beim Westerwaldbahnhof steht auf einem Sockel zusammen mit einer Kipplore diese kleine 600-mm-Feldbahn-Diesellok. Zustand Herbst 1981.

Schienenbussen von Wuppertal bis Elkenroth. Im Jahre 1960 endete der Personenverkehr vollständig. Betriebsmittelpunkt der Westerwaldbahn war ursprünglich Nauroth. 1928 wurden in Bindweide neue Schuppen und Werkstatt- und Verwaltungsgebäude errichtet, 1943 folgte ein Triebwagenschuppen.
Die Strecke führt aus dem Siegtal herauf auf die Hochebene des Westerwaldes bei Bindweide. Sehr schön und topographisch problematisch steigt die Strecke in ständiger Rampe 1 : 40 in kurvenreicher Führung an. Oberhalb Scheuerfeld liegt ein 300 m langer Tunnel. In gleichmäßiger Steigung am Hang des Elbbachtals entlang bis Bindweide wird auf 10 Kilometer ein Höhenunterschied von 233 Metern überwunden. Bis Emmerzhausen bei km 26,5 klettert die Strecke um weitere 151,4 Meter; die zu durchfahrende Gegend ist sehr einsam. In Scheuerfeld befinden sich eigene Rangier- und Übergabegleise. Der Güterverkehr beschränkt sich heute in der Hauptsache auf Basalt und Sand sowie die Bedienung der neuangesiedelten Industrie in Weitefeld, Ober-Dreisbach und im Gebiet von Betzdorf-Bruche, der östlichen Weiterführung bei Scheuerfeld.
Die Siegener Kreisbahn beschreiben wir unter Nordrhein-Westfalen in einem Folgeband.

Scheuerfeld

Am Bahnhof der Westerwaldbahn, bei den Bongschen Mahlwerken, steht als kleines Denkmal eine B-Diesellok, 600 mm, mit Kipplore (Diemalok). In Scheuerfeld, auf den Gleisen der Westerwaldbahn, bedient auch eine kleine B-Diesellok, gebaut von Orenstein & Koppel, einen Werksanschluß.
Damit ist auch unsere Reise durch Rheinland-Pfalz und das Saarland abgeschlossen; jeder Leser wird sich aus den einzelnen Bestandteilen nun nach seinen eigenen Vorlieben eine Route zusammenstellen können.

Diese O & K-Rangierlok versieht auf den Gleisen der Westerwaldbahn für einen privaten Anschließer den Übergabeverkehr in Scheuerfeld.

Schlußgedanken

Die Suche nach sichtbaren Zeichen aus der Vergangenheit der Eisenbahn in Hessen, Rheinland-Pfalz und dem Saarland soll für dieses Buch als abgeschlossen gelten. Um die Dokumentation zu erstellen, waren unzählige Recherchen erforderlich, deren Ergebnisse wechselnd ausfielen. Teilweise konnte auf umfangreiches Material zurückgegriffen werden, oft waren leider Informationen bereits untergegangen. Der Gehalt der Aussagen zu den einzelnen Objekten ist somit unterschiedlich. Die Antwortquote auf die gezielt gestellten Fragen war sehr hoch. Hierfür soll an dieser Stelle all denen gedankt werden, die zum Gelingen dieser Dokumentation beigetragen haben.

Besonders danke ich meinem Sohn Uwe für die zahlreich beigesteuerten Fotos, für deren Reproduktion er so manche Nacht und viel Freizeit opferte.

Für den Verfasser war es immer wieder erfreulich zu lesen, mit welchem Stolz über vor der Verschrottung gerettete Objekte berichtet wurde. Deutlich wurde auch, mit welch persönlichem Einsatz und mit welch großem Erfolg sich wenige Idealisten bemühen, die Zeichen aus der großen Vergangenheit der Eisenbahn für kommende Generationen zu erhalten. Leider scheut noch ein gewisser Teil der Eisenbahnfreunde das persönliche Engagement. Anliegen dieses Buches ist deshalb, mehr Freunde zur Mitarbeit zu mobilisieren — Arbeit ist bei den genannten Vereinen in Fülle vorhanden. Handwerkliches Geschick ist bei vielen Arbeiten nicht unbedingt erforderlich, andere Tätigkeiten sind erlernbar und können auch von Laien ausgeführt werden.

Etwas Sichtbares und Dauerhaftes geschaffen zu haben, führt gerade in unserer heutigen Zeit zu Selbstbewußtsein und Selbstvertrauen. Im täglichen Leben sind kaum noch persönliche Erfolge zu verbuchen — hier, bei diesem anspruchsvollen, vielseitigen Hobby, finden wir den sichtbaren Erfolg. Wir werden im Vertrauen auf den Erfolg selbstsicher — letztlich wirkt sich dies auch auf den Erfolg im Beruf im positiven Sinne aus.

Von Interesse beim Thema Eisenbahn ist noch, in welch guter, unverwüstlicher Qualität Eisenbahnmaterial früher in Auftrag gegeben und produziert wurde. So gibt es Fahrzeuge im betagten Alter von mehr als achtzig Jahren, die noch heute brav ihre Aufgaben erfüllen. Hier stellt sich die Frage, ob wir unsere Wegwerfphilosophie mit ständigem Zwang nach Erneuerung nicht überdenken sollten.

Über all diese Dinge nachzudenken findet Muße, wer mit eigener Kraft zur Erhaltung historischer Objekte beiträgt — die historischen Objekte der Eisenbahn sind es, die zu solchen Gedanken anregen.

Herbert Stemmler
Dampflokomotiven bei der BD Stuttgart
Die hervorragenden, meist ganzseitigen Fotografien dieses Bildbandes zeigen den Lokomotivbetrieb in den Jahren 1963–1976 aus außergewöhnlichen Blickwinkeln: Ein Werk, das jeden Eisenbahnfreund begeistern wird! 192 Seiten, 16 Farbfotos, 178 SW-Fotos, 2 Streckenkarten

Eisenbahnen in Württemberg-Hohenzollern
Dieser historisch getreue Nachdruck des Amtlichen Taschenfahrplans 1919/1920 enthält nicht nur sämtliche Eisenbahnstrecken des Landes, sondern darüber hinaus die Kraftomnibuskurse und alle Straßenbahnlinien Württembergs. Eine kostbare Rarität! 144 Seiten, zahlreiche Abbildungen

Karl-Ernst Maedel
Erinnerungen an die Dampfeisenbahn
Ein Rückblick auf die letzten Jahrzehnte des Dampfbetriebes in Deutschland. Karl-Ernst Maedel hat in diesem schönen Band in Wort und Bild zusammengetragen, was das Dampfzeitalter so faszinierend machte. Ein Leckerbissen für alle alten und jungen Eisenbahnnarren! 159 Seiten, 14 Farbfotos, 160 SW-Fotos

Karl-Ernst Maedel
Im Führerstand von Dampf-, Diesel- und Elektrolokomotiven
Unterhaltsame Berichte und Erzählungen bilden den Inhalt dieses Buches. Doch nicht nur „Geschichten" werden hier erzählt; der Leser erfährt auch eine Menge Wissenswertes aus der Technik der Schienengiganten. 155 Seiten, 50 SW-Fotos, 5 SW-Zeichng.

In Ihrer Fach/Buchhandlung erhältlich!

Bitte fordern Sie zu Ihrer ausführlichen Information unseren kostenlosen Prospekt „Eisenbahnbücher" an!

FRANCKH KOSMOS
Verlagsgruppe